alie

Voyage Guide

Alice Aman

Copyright © 2024 Alice Aman

Tous droits réservés. Aucune par... peut être reproduite, distribuée ou... forme ou par quelque moyen que... photocopie, l'enregistrement ou... électroniques ou mécaniques, sans l'au... ris... préalable de l'éditeur, sauf dans le cas de brèves incorporées. dans des critiques critiques et dans ... autres utilisations non commerciales autorisées par la ... le droit d'auteur.

Ce livre est une œuvre de fiction. Les noms, personna... lieux et incidents sont le produit de l'imagination de l'auteur ou sont utilisés de manière fictive. Toute ressemblance avec des personnes réelles, vivantes ou décédées, des événements ou des lieux est entièrement fortuite.

Clause de non-responsabilité

Bien que tous les efforts aient été déployés pour garantir l'exactitude et l'actualité du contenu de cette publication, les informations peuvent changer au fil du temps. L'auteur et l'éditeur ne peuvent être tenus responsables d'éventuelles erreurs, omissions ou informations périmées. Il est recommandé aux lecteurs de vérifier toute information présentée ici auprès de sources supplémentaires ou de consulter des experts concernés.

Première édition : 2024

Table des matières

Introduction — 5
    Quand visiter l'Italie — 6
    Pourquoi visiter l'Italie — 8

Se rendre en Italie — 10
    Aéroports — 10
    Trains — 12
    Autobus — 14

Se déplacer en Italie — 20
    Transports publics — 20
    Taxis — 22
    Conduite — 24

Régions et villes — 27
    Rome — 27
    Florence — 35
    Milan — 50
    Côte amalfitaine — 60
    Toscane — 69

Attractions incontournables — 76
    Monuments emblématiques — 76
    Musées et galeries — 80

Sites historiques	83
Beauté Naturelle	86
Nourriture et boisson	**89**
Cuisine italienne	89
Spécialités régionales	93
Vin	95
Vie nocturne et divertissement	**98**
Opéra et Théâtre	98
Bars et discothèques	100
Musique live	102
Achats	**104**
Achats haut de gamme	104
Marchés et centres commerciaux	106
Marques de créateurs	108
Informations pratiques	**111**
Langue	111
Devise	113
Sécurité	114
Étiquette	116
Conclusion	**118**

Introduction

Saviez-vous que l'Italie compte plus de sites du patrimoine mondial de l'UNESCO que tout autre pays au monde ? Ce joyau méditerranéen possède une histoire riche, des paysages époustouflants et une culture dynamique qui captive les voyageurs depuis des siècles. Des ruines antiques de Rome aux canaux pittoresques de Venise, l'Italie offre une expérience diversifiée et inoubliable.

La beauté de l'Italie est intemporelle. Ses villes anciennes, ses paysages à couper le souffle et ses charmants villages transportent les visiteurs dans un monde d'histoire et de romantisme. Le climat méditerranéen du pays offre un climat agréable tout au long de l'année, ce qui en fait une destination prisée des voyageurs en quête de soleil, de mer et de culture.

Le patrimoine culturel italien est aussi diversifié que ses paysages. De l'art de la Renaissance de Florence aux ruines antiques de Pompéi, l'Italie offre une richesse d'expériences culturelles. Découvrez la riche histoire, les traditions et les chefs-d'œuvre artistiques du pays.

La cuisine italienne est réputée dans le monde entier pour ses saveurs délicieuses et ses ingrédients frais. Savourez de délicieux plats de pâtes, des pizzas, des glaces et des expressos tout en explorant les délices culinaires italiens.

Que vous soyez un passionné d'histoire, un amateur d'art ou simplement à la recherche d'une escapade relaxante, l'Italie a quelque chose à offrir à tout le monde. Avec ses paysages époustouflants, sa culture riche et sa cuisine délicieuse, l'Italie est une destination incontournable pour tout voyageur.

Ce guide de voyage vous fournira toutes les informations dont vous avez besoin pour planifier votre parfaite aventure italienne. Du transport et de l'hébergement aux attractions incontournables et aux conseils d'initiés, ce guide vous aidera à tirer le meilleur parti de votre voyage en Italie.

Quand visiter l'Italie

L'Italie offre une expérience unique tout au long de l'année, chaque saison offrant son propre charme. La meilleure période pour visiter l'Italie dépend de vos préférences et intérêts.

Printemps (mars-mai)
- *Météo agréable :* Le printemps offre un temps agréable avec des températures douces et moins de monde.

- *Fleurs épanouies :* Profitez des belles fleurs printanières, notamment en Toscane et en Ombrie.
- *Événements :* Assistez aux festivals et événements du printemps, tels que le Carnaval de Venise et le marché aux fleurs de Florence.

Été (juin-août)

- *Temps chaud :* L'été est la haute saison touristique en Italie, avec un temps chaud et de longues journées.
- *Foules :* Soyez prêt à affronter les foules, en particulier dans les destinations touristiques populaires.
- *Vacances à la plage :* Profitez de vacances à la plage sur la côte amalfitaine, sur la Riviera italienne ou sur des îles comme la Sardaigne et la Sicile.

Automne (septembre-novembre)

- *Météo agréable :* L'automne offre un temps agréable avec des températures douces et moins de monde que l'été.
- *Saison de récolte :* Vivez la saison des vendanges en Toscane et dans d'autres régions viticoles.
- *Événements :* Profitez des festivals et événements d'automne, tels que la Mostra de Venise et la foire aux truffes d'Alba.

Hiver (décembre-février)

- *Marchés de Noël :* Profitez de l'atmosphère festive des marchés de Noël dans des villes comme Florence et Rome.

- *Ski:* Les Alpes italiennes offrent d'excellentes possibilités de ski pendant les mois d'hiver.
- *Offres hors saison :* Vous pouvez trouver de meilleures offres sur l'hébergement et les vols pendant les mois d'hiver.

La meilleure période pour visiter l'Italie dépend de vos préférences et intérêts. Tenez compte de la météo, des foules et des événements lors de la planification de votre voyage.

Pourquoi visiter l'Italie

L'Italie, pays chargé d'histoire et de culture, offre une expérience unique et inoubliable aux voyageurs de tous âges. Voici quelques raisons pour lesquelles vous devriez envisager de visiter ce joyau méditerranéen :

- *Riche histoire et culture :* Plongez dans la riche histoire et le patrimoine culturel de l'Italie en explorant les ruines antiques, l'art de la Renaissance et les charmants villages.
- *Des paysages époustouflants :* Découvrez les paysages à couper le souffle de l'Italie, notamment les Alpes italiennes, la campagne toscane et la côte amalfitaine.
- *Cuisine délicieuse :* Savourez la cuisine italienne de renommée mondiale, avec ses délicieuses pâtes, pizzas, glaces et vins.

- *Monuments emblématiques :* Visitez des sites emblématiques tels que le Colisée, la tour penchée de Pise et la fontaine de Trevi.
- *Des gens sympathiques :* Découvrez la chaleur et l'hospitalité du peuple italien, connu pour sa gentillesse et sa générosité.
- *Voyage abordable :* L'Italie offre des options de voyage abordables, ce qui en fait une destination idéale pour les voyageurs à petit budget.
- *Variété d'expériences :* Que vous recherchiez la détente, l'aventure ou l'exploration culturelle, l'Italie a quelque chose à offrir à chacun.

Avec sa beauté époustouflante, sa riche histoire et sa cuisine délicieuse, l'Italie est une destination qui laissera une impression durable.

Chapitre 1

Se rendre en Italie

Aéroports

L'Italie est bien reliée au reste du monde, avec plusieurs grands aéroports internationaux desservant le pays. Voici une liste de certains des aéroports les plus populaires :

Aéroport Léonard de Vinci-Fiumicino (FCO)
- *Emplacement:* Rome
- *Le plus grand aéroport :* Fiumicino est le plus grand aéroport d'Italie et dessert à la fois les vols nationaux et internationaux.
- *Transport:* L'aéroport est bien relié au centre-ville de Rome par des services de train, de bus et de taxi.

Aéroport de Milan Malpensa (MXP)
- *Emplacement:* Milan
- *Centre majeur :* Malpensa est une plaque tournante majeure pour les vols internationaux, en particulier pour les vols à destination et en provenance de l'Amérique du Nord et de l'Asie.
- *Transport:* L'aéroport est relié au centre-ville de Milan par des services de train et de bus.

Aéroport de Venise-Marco Polo (VCE)
- *Emplacement:* Venise

- *Destination populaire :* L'aéroport Marco Polo est une porte d'entrée populaire pour les touristes visitant Venise et la région environnante.
- *Bateau-bus :* L'aéroport est relié au centre-ville de Venise par un service de bateau-bus.

Autres grands aéroports
- *Aéroport international de Naples (NAP)*
- *Aéroport Guglielmo Marconi de Bologne (BLQ)*
- *Aéroport de Catane-Fontanarossa (CTA)*

Choisir le bon aéroport

Le meilleur aéroport pour vous dépendra de votre destination en Italie et de vos options de vol. Tenez compte de facteurs tels que la disponibilité des vols, le coût et la proximité de votre destination finale lorsque vous choisissez un aéroport.

Conseils supplémentaires
- *Vérifiez votre compagnie aérienne :* Votre compagnie aérienne peut proposer des options de

transfert aéroport ou des réductions sur le transport vers le centre-ville.
- *Planifiez à l'avance :* Réservez votre transport à l'avance, en particulier pendant les heures de pointe, pour garantir la disponibilité et éviter les retards.
- *Pensez à la consigne à bagages :* Si vous arrivez tôt ou partez tard, vous pouvez stocker vos bagages à l'aéroport ou en centre-ville.

En comprenant les différents aéroports desservant l'Italie et leurs options de transport, vous pouvez planifier votre voyage efficacement et arriver à destination sans tracas.

Trains

Le vaste réseau ferroviaire italien offre un moyen pratique et efficace de voyager à travers le pays. Grâce aux trains à grande vitesse et aux trains régionaux, vous pouvez facilement rejoindre des destinations populaires dans toute l'Italie.

Trains à grande vitesse
- *Trenitalia :* Principal opérateur ferroviaire d'Italie, Trenitalia propose des trains à grande vitesse (Frecciarossa, Frecciargento, Frecciabianca) reliant les grandes villes.
- *Italien:* Un autre opérateur de train à grande vitesse en Italie, proposant des tarifs et des services compétitifs.
- *Itinéraires populaires :* Les trains à grande vitesse relient les grandes villes comme Rome, Florence, Milan, Venise et Naples.

Trains régionaux
- *Déplacements locaux :* Les trains régionaux sont idéaux pour explorer les petites villes et régions d'Italie.
- *Itinéraires panoramiques :* Certains trajets en train régional offrent une vue imprenable sur la campagne italienne.

Achat de billets
- *En ligne:* Achetez des billets de train en ligne sur les sites Trenitalia ou Italo.
- *Gares :* Vous pouvez également acheter des billets dans les gares.
- *Distributeurs de billets :* De nombreuses gares disposent de distributeurs de billets où vous pouvez acheter des billets.

Types de billets
- *Fabrication de base :* Le tarif de base est le prix du billet.
- *Réservations :* Pour les trains à grande vitesse, vous devrez peut-être faire une réservation, surtout aux heures de pointe.
- *Réductions :* Les étudiants, les personnes âgées et les enfants peuvent bénéficier de réductions sur les billets de train.

Conseils pour utiliser les trains
- *Validez votre billet :* Validez votre billet sur le quai avant de monter dans le train.
- *Vérifiez les numéros de plate-forme :* Faites attention aux numéros de plateforme et aux annonces.
- *Évitez les heures de pointe :* Si possible, évitez de voyager pendant les heures de pointe (7h00 - 9h00 et 17h00 - 19h00) pour éviter les foules.

Le réseau ferroviaire italien constitue un moyen pratique et efficace de voyager à travers le pays. En comprenant les différents types de trains et comment acheter des billets, vous pouvez facilement planifier votre voyage.

Autobus

Les bus sont un mode de transport polyvalent en Italie, desservant à la fois les zones urbaines et rurales. Ils offrent un moyen pratique et abordable d'explorer le pays, en particulier sur des distances plus courtes ou pour atteindre des villes plus petites.

Principales lignes de bus et connexions
L'Italie est bien reliée à ses voisins européens grâce à un vaste réseau de lignes de bus internationales. Les grandes villes comme Rome, Milan, Venise et Florence sont accessibles depuis diverses régions d'Europe, notamment la France, l'Allemagne, la Suisse, l'Autriche et au-delà. Certains des itinéraires clés comprennent :

- *Paris à Milan/Rome :* Offrant un voyage pittoresque à travers les Alpes et le nord de l'Italie.
- *Vienne à Venise :* Un itinéraire qui traverse les magnifiques paysages des Alpes autrichiennes et de la Vénétie.
- *Munich à Rome/Florence :* Relier le sud de l'Allemagne à l'Italie centrale et septentrionale.
- *Zurich à Milan :* Un itinéraire plus court qui assure une connexion directe entre la Suisse et la capitale italienne de la mode.

Principaux opérateurs de bus
Plusieurs compagnies de bus réputées exploitent des itinéraires vers et à l'intérieur de l'Italie, offrant des services fiables et abordables. Certains des principaux opérateurs comprennent :

- *FlixBus :* FlixBus, l'une des compagnies de bus les plus importantes et les plus populaires d'Europe, propose de nombreux itinéraires à destination et en provenance de l'Italie, avec des liaisons vers les grandes villes et villages. Connu pour sa flotte moderne, ses sièges confortables et ses équipements à bord tels que le Wi-Fi et les prises de courant.

- *Eurolignes :* Exploitant un vaste réseau de routes internationales, Eurolines relie l'Italie à de nombreuses destinations européennes. L'entreprise est connue pour ses prix compétitifs et ses services fréquents.
- *RégioJet :* Proposant des liaisons depuis l'Europe centrale et orientale vers l'Italie, RegioJet offre un service de haut niveau avec des bus confortables, une connexion Wi-Fi gratuite et des rafraîchissements gratuits.
- *Ainsi :* Compagnie de bus italienne qui exploite des liaisons nationales et internationales, Itabus propose des prix compétitifs et une gamme de services adaptés à différents budgets.

L'expérience du voyage en bus

Voyager en bus vers l'Italie offre une façon unique et pittoresque de découvrir la diversité des paysages du pays. Les bus modernes sont équipés de sièges confortables, d'un grand espace pour les jambes et de divers équipements pour garantir un voyage agréable. Les installations à bord comprennent généralement :

- *Wi-Fi gratuit :* Restez connecté tout au long de votre voyage.
- *Prises de courant :* Chargez vos appareils en déplacement.

- *TOILETTES:* Disponible sur la plupart des bus longue distance.
- *Collations et boissons:* Certains opérateurs proposent des rafraîchissements gratuits ou la possibilité d'acheter des collations et des boissons.

Bus urbains
- *Bus urbains:* La plupart des grandes villes d'Italie disposent de vastes réseaux de bus, reliant divers quartiers et attractions.
- *Validation du billet:* Validez votre billet à bord du bus à l'aide d'un validateur.
- *Horaires:* Consultez les horaires et les itinéraires des bus aux arrêts de bus ou en ligne.

Autobus interurbains
- *Voyages longue distance:* Les bus interurbains relient les principales villes et villages de toute l'Italie.
- *Option à faible coût:* Les bus sont souvent une option plus abordable que les trains pour les voyages longue distance.
- *Entreprises populaires:* Les compagnies de bus populaires en Italie incluent FlixBus, Eurolines et Marino Bus.

Achat de billets
- *En ligne:* Achetez des billets de bus en ligne sur les sites Web des compagnies de bus.
- *Gares routières:* Vous pouvez également acheter des billets dans les gares routières.

- *Distributeurs de billets :* Certaines gares routières disposent de distributeurs de billets où vous pouvez acheter des billets.

Conseils d'utilisation des bus
- *Validez votre billet :* Validez votre billet à bord du bus à l'aide d'un validateur.
- *Consultez les horaires :* Vérifiez les horaires et les itinéraires des bus à l'avance pour planifier votre voyage.
- *Bagage:* Certaines compagnies de bus imposent des restrictions sur la taille et le poids des bagages.
- *Itinéraires panoramiques :* Profitez des vues panoramiques sur la campagne italienne en voyageant en bus.

Conseils pour un voyage en bus fluide

Pour profiter au maximum de votre voyage en bus en Italie, tenez compte des conseils suivants :
- *Les essentiels du pack :* Apportez des collations, de l'eau, un oreiller cervical et une couverture légère pour plus de confort.
- *Divertissement:* Téléchargez des films, des livres ou des podcasts pour vous divertir pendant le voyage.
- *Habillez-vous confortablement :* Portez des couches pour vous adapter aux différentes températures dans le bus.
- *Restez informé :* Gardez un œil sur votre courrier électronique ou sur l'application de l'opérateur pour

toute mise à jour ou modification de votre emploi du temps.

Les bus sont un moyen pratique et abordable de voyager en Italie, en particulier pour les distances plus courtes ou pour explorer les petites villes. En comprenant les différents types de bus et comment acheter des billets, vous pouvez facilement planifier votre voyage.

Chapitre 2

Se déplacer en Italie

Transports publics

Le système de transports publics italien est étendu et efficace, ce qui facilite les déplacements à travers le pays. Que vous exploriez les grandes villes ou que vous vous aventuriez dans des villes plus petites, les transports en commun constituent une option pratique et abordable.

Trains

- *Trains à grande vitesse :* Les trains à grande vitesse italiens, tels que Frecciarossa et Italo, relient les principales villes du pays, offrant des voyages rapides et confortables.
- *Trains régionaux :* Les trains régionaux desservent les petites villes, offrant un moyen plus tranquille d'explorer la campagne italienne.
- *Achat de billets :* Vous pouvez acheter des billets de train en ligne, dans les gares ou aux distributeurs automatiques de billets.

Autobus

- *Bus urbains :* La plupart des grandes villes d'Italie disposent de vastes réseaux de bus, reliant divers quartiers et attractions.

- *Autobus interurbains :* Les bus relient également les grandes villes et villages, offrant une alternative plus abordable aux trains pour les voyages longue distance.
- *Achat de billets :* Vous pouvez acheter des billets de bus en ligne, dans les gares routières ou auprès du chauffeur.

Systèmes de métro
- *Grandes villes :* Rome, Milan et Naples disposent de systèmes de métro, offrant un transport pratique dans les centres-villes.
- *Billets :* Vous pouvez acheter des tickets de métro dans les stations ou en utilisant une carte sans contact.

Tramways
- *Villes avec tramways :* Certaines villes, comme Florence et Turin, disposent de systèmes de tramway qui relient différentes parties de la ville.
- *Billets :* Les billets de tramway sont généralement achetés aux arrêts de tramway ou à l'aide d'une carte sans contact.

Bateaux-bus
- *Venise :* Venise est connue pour ses bateaux-bus, qui constituent le principal moyen de transport de la ville.
- *Billets :* Les billets de bateau-bus peuvent être achetés aux quais ou en ligne.

Conseils pour utiliser les transports en commun

- *Validez votre billet :* Validez votre billet à bord du train ou du bus à l'aide d'un validateur.
- *Consultez les horaires :* Vérifiez les horaires et les itinéraires à l'avance pour planifier votre voyage.
- *Heures de pointe:* Évitez si possible de voyager pendant les heures de pointe (7h00 - 9h00 et 17h00 - 19h00), car les transports en commun peuvent être bondés.
- *Utilisez une carte de tourisme :* Certaines villes proposent des cartes touristiques offrant des réductions sur les transports publics et d'autres attractions.

Le système de transports publics italien constitue un moyen pratique et efficace de se déplacer à travers le pays.

Taxis

Les taxis sont un moyen pratique et personnel de voyager en Italie, en particulier pour les distances plus courtes ou pour atteindre des destinations mal desservies par les transports publics.

Types de taxis

- *Taxis blancs :* Le type de taxi le plus répandu en Italie, généralement de couleur blanche.
- *Radio-taxis :* Des taxis qui peuvent être arrêtés dans la rue ou réservés par téléphone ou via une application.

- *Véhicules de location privés :* Ceux-ci sont similaires aux minicabs et peuvent être réservés à l'avance.

Signaler les taxis
- *Salut dans la rue :* Pour héler un taxi, levez simplement la main et criez « Taxi ! »
- *Stations de taxis :* Des taxis peuvent également être trouvés dans des stations de taxis désignées.
- *Applications :* Certaines villes disposent d'applications de taxi qui vous permettent de réserver un taxi à l'avance.

Tarifs
- *Mesuré :* Les taxis en Italie disposent généralement de compteurs qui calculent le tarif en fonction de la distance et du temps.
- *Frais supplémentaires :* Certains taxis peuvent facturer des frais supplémentaires pour les bagages, le service de nuit ou le temps d'attente.
- *Pourboires :* Le pourboire est facultatif, mais il est d'usage de donner un petit montant pour un bon service.

Conseils pour utiliser les taxis
- *Vérifiez les informations d'identification :* Assurez-vous que le taxi que vous utilisez possède les licences et les permis appropriés.
- *Confirmez Faire :* Avant de commencer votre voyage, confirmez le tarif auprès du chauffeur pour éviter tout malentendu.

- *Faites appel à des entreprises réputées :* Privilégiez les compagnies de taxi réputées pour assurer votre sécurité et éviter les escroqueries.

Les taxis sont un moyen pratique et personnel de voyager en Italie. En comprenant les différents types de taxis et comment les utiliser, vous pourrez facilement vous déplacer et explorer le pays.

Conduite

Conduire en Italie peut être une expérience pittoresque et agréable, vous permettant d'explorer le pays à votre rythme. Cependant, il est important de connaître les règles et réglementations locales en matière de conduite.

Louer une voiture

- *Exigences :* Pour louer une voiture en Italie, vous devez être en possession d'un permis de conduire valide et avoir au moins 18 ans.
- *Permis de conduire international :* Si vous venez d'un pays hors de l'Union européenne, vous aurez peut-être besoin d'un permis de conduire international.
- *Entreprises de location de voitures :* Les principales sociétés de location de voitures opèrent en Italie et proposent une variété de véhicules parmi lesquels choisir.

Règles de conduite

- *Trafic:* En Italie, la conduite se fait du côté droit de la route.
- *Limites de vitesse :* Respectez les limites de vitesse affichées, qui sont généralement affichées en kilomètres par heure.
- *Routes à péage :* De nombreuses autoroutes en Italie sont à péage. Soyez prêt à payer des péages aux postes de péage.
- *Parking:* Le stationnement peut être difficile dans les grandes villes, surtout aux heures de pointe. Recherchez des zones de stationnement désignées ou envisagez d'utiliser les transports en commun.

Routes panoramiques
- *Côte amalfitaine :* Profitez de vues côtières à couper le souffle le long de la côte amalfitaine, une route populaire.
- *Campagne toscane :* Explorez la pittoresque campagne toscane, avec ses collines et ses vignobles.
- *Dolomites :* Traversez les superbes montagnes des Dolomites, connues pour leurs paysages spectaculaires.

Conseils pour conduire en Italie
- *Sois patient:* La circulation peut être encombrée dans les grandes villes, alors soyez patient et prévoyez plus de temps pour votre trajet.
- *Utilisez un GPS :* Un système de navigation GPS peut être utile pour naviguer sur des routes inconnues.

- *Apprenez des phrases de base en italien :* Connaître quelques phrases de base en italien peut être utile pour interagir avec les habitants et demander son chemin.
- *Carburant:* Soyez conscient des stations-service et assurez-vous que votre voiture a suffisamment de carburant.

Conduire en Italie peut être une expérience enrichissante, vous permettant d'explorer le pays à votre rythme. En suivant ces conseils, vous pourrez profiter d'une expérience de conduite sécuritaire et agréable.

Chapitre 3

Régions et villes

Rome

Rome, la capitale de l'Italie, est une ville chargée d'histoire et de culture. Connue sous le nom de « Ville éternelle », Rome captive les visiteurs depuis des siècles avec ses monuments emblématiques, ses ruines antiques et son atmosphère vibrante.

Une brève histoire

L'histoire de Rome remonte à des milliers d'années. Fondée comme une petite colonie, elle est devenue un puissant empire qui dirigeait une grande partie de l'Europe. La riche histoire de la ville se reflète dans ses nombreux sites et monuments historiques.

Monuments emblématiques

1. Le Colisée

Le Colisée, l'une des structures les plus emblématiques au monde, témoigne de la grandeur de la Rome antique. Cet amphithéâtre colossal, autrefois lieu de combats de gladiateurs et de spectacles publics, est une visite incontournable pour tout voyageur.

- *Explorer l'arène :* Parcourez les couloirs et imaginez le rugissement de la foule alors que les gladiateurs se battaient pour la gloire. Les gradins et les salles souterraines du Colisée offrent un aperçu fascinant des merveilles techniques de la Rome antique.
- *Visites guidées :* Optez pour une visite guidée pour mieux comprendre l'histoire et la signification du Colisée. Certaines visites incluent également l'accès à des zones restreintes telles que le sol de l'arène et les étages supérieurs, offrant des perspectives uniques.
- *Attractions à proximité :* Après avoir visité le Colisée, explorez le Forum romain et le mont Palatin à proximité. Ces sites offrent des couches supplémentaires d'histoire, depuis les temples et basiliques antiques jusqu'aux vestiges des palais impériaux.

2. La Cité du Vatican

La Cité du Vatican, le plus petit État indépendant au monde, est le cœur spirituel et administratif de l'Église catholique romaine. Entre ses murs se trouvent certains des trésors religieux et culturels les plus importants au monde.

- *Basilique Saint-Pierre :* Cette magnifique basilique est un chef-d'œuvre de l'architecture de la Renaissance. Émerveillez-vous devant la Pietà de Michel-Ange, la grandeur de l'intérieur et grimpez au sommet du dôme pour une vue imprenable sur Rome.
- *Les Musées du Vatican :* Abritant une collection inégalée d'art et d'antiquités, les musées du Vatican sont un incontournable. Les points forts incluent les chambres de Raphaël, la galerie des cartes et le magnifique plafond de la chapelle Sixtine peint par Michel-Ange.

- *Les jardins du Vatican :* Pour une évasion sereine, visitez les jardins du Vatican. Ces jardins magnifiquement aménagés offrent un répit paisible et offrent une perspective différente de la Cité du Vatican.

3. *Le Panthéon*

Le Panthéon, avec son impressionnant dôme et sa structure bien conservée, est l'un des meilleurs exemples de l'architecture romaine antique. Construit à l'origine comme temple pour tous les dieux, il sert aujourd'hui d'église et de tombeau pour des personnages notables tels que Raphaël.

- *Merveille architecturale :* Le dôme du Panthéon, avec son oculus central, reste le plus grand dôme en béton non armé du monde. Les proportions harmonieuses et le design innovant continuent d'inspirer les architectes et les ingénieurs.

- *Splendeur intérieure :* À l'intérieur, les sols en marbre du Panthéon, ses grandes colonnes et ses autels magnifiquement ornés créent un sentiment d'émerveillement. Le jeu de lumière naturelle à travers l'oculus ajoute à l'atmosphère éthérée du bâtiment.
- *Importance historique :* Découvrez la transformation du Panthéon d'un temple païen à une église chrétienne et son influence durable sur l'architecture occidentale.

4. Fontaine de Trévi

La fontaine de Trevi, une exposition exubérante d'art baroque, est l'un des monuments les plus appréciés de Rome. Cette fontaine emblématique est non seulement une œuvre d'art époustouflante, mais aussi imprégnée de légende et de tradition.

- *La beauté de la fontaine :* Ornée de sculptures de personnages mythologiques et d'eaux en cascade, la fontaine de Trevi est un chef-d'œuvre de design et d'artisanat. Le personnage central, Neptune, se dresse majestueusement sur son char.
- *Tradition du tirage au sort :* Participez à la tradition de lancer une pièce de monnaie dans la fontaine pour assurer votre retour à Rome. On dit que lancer une pièce garantit un voyage aller-retour, deux pièces apportent une nouvelle romance et trois pièces promettent un mariage.
- *Éclairage du soir :* Visitez la fontaine la nuit lorsqu'elle est magnifiquement éclairée, projetant une lueur magique sur les sculptures et l'eau. La fontaine de Trevi est un endroit populaire pour les soirées romantiques et la photographie.

5. La Place d'Espagne

La Place d'Espagne, un élégant escalier de 135 marches, relie la Piazza di Spagna à l'église Trinità dei Monti. Ce monument emblématique est un lieu de rassemblement dynamique pour les habitants et les touristes.

- *Vues panoramiques :* Montez au sommet des marches pour admirer une vue imprenable sur les toits de Rome et sur la très animée Piazza di Spagna en contrebas. C'est un endroit parfait pour se détendre et profiter du charme de la ville.
- *Pôle culturel :* La Place d'Espagne est entourée de bâtiments historiques, de boutiques de luxe et de charmants cafés. Les attractions à proximité incluent la maison Keats-Shelley, dédiée aux poètes romantiques, et l'élégante rue commerçante Via dei Condotti.
- *Faits saillants de la saison :* Visitez-le au printemps lorsque les marches sont ornées d'azalées en fleurs, ajoutant une touche de couleur à la scène. À Noël, les marches sont joliment décorées de lumières festives et d'une crèche.

Quartiers

- *Centro Storico (Centre historique):* Le centre historique de Rome est un dédale de rues étroites, de charmantes places et de ruines antiques.
- *Trastevere :* Ce quartier animé est connu pour son atmosphère animée, ses restaurants traditionnels et ses rues pittoresques.
- *Testaccio :* Un quartier branché avec une vie nocturne animée et une délicieuse cuisine de rue.
- *Suivre:* Un quartier plus chic avec des boutiques et des restaurants élégants.

Choses à faire

- *Explorez le Colisée :* Faites une visite guidée du Colisée pour en apprendre davantage sur son histoire et son architecture.
- *Visitez les Musées du Vatican :* Découvrez les vastes collections d'art et d'objets des musées du Vatican.
- *Lancez une pièce de monnaie dans la fontaine de Trevi :* Faites un vœu en lançant une pièce de monnaie dans la fontaine de Trevi.
- *Savourez la cuisine italienne :* Savourez une délicieuse cuisine italienne dans l'un des nombreux restaurants de Rome.
- *Faites une visite à pied :* Explorez la ville à pied et découvrez des trésors cachés.

Rome est une ville qui offre des possibilités d'exploration infinies. Avec sa riche histoire, ses monuments emblématiques et son atmosphère vibrante, Rome est une destination incontournable pour tout voyageur.

Florence

Florence, ville réputée pour son art et son architecture de la Renaissance, est une destination incontournable pour les passionnés d'histoire et de culture. L'atmosphère charmante de la ville, ses monuments époustouflants et sa cuisine délicieuse en font une expérience vraiment inoubliable.

Une brève histoire

Florence était une cité-état puissante à l'époque de la Renaissance, produisant certains des plus grands artistes et penseurs de l'époque. La riche histoire de la ville est évidente dans ses nombreux musées, galeries et sites historiques.

Monuments emblématiques

1. Le Duomo

La cathédrale de Florence, également connue sous le nom de Duomo, avec son remarquable dôme aux tuiles rouges, est le monument le plus reconnaissable de la ville. Ce chef-d'œuvre architectural témoigne de l'éclat de l'art et de l'ingénierie de la Renaissance.

- *Intérieur de la cathédrale :* L'intérieur de la cathédrale est tout aussi impressionnant que son extérieur, avec de superbes fresques, des vitraux complexes et des sols en marbre détaillés. Le point culminant est la fresque "Jugement dernier" de Giorgio Vasari qui orne l'intérieur du dôme.
- *Ascension du Dôme :* Pour une expérience vraiment inoubliable, montez les 463 marches jusqu'au sommet du Dôme de Brunelleschi. La montée est difficile mais vous récompense avec une vue panoramique sur les toits de Florence et la campagne toscane environnante.
- *Le Campanile de Giotto :* Adjacent à la cathédrale, le Campanile (clocher) de Giotto est une autre merveille de l'architecture gothique. Vous pouvez gravir la tour pour un autre point de vue fantastique sur la ville.

2. Galerie des Offices

La Galerie des Offices est l'un des musées d'art les plus célèbres au monde, abritant une vaste collection de chefs-d'œuvre de la Renaissance.

- *Chefs-d'œuvre :* La galerie abrite des œuvres de certains des plus grands artistes de tous les temps, notamment « La Naissance de Vénus » de Botticelli, « L'Annonciation » de Léonard de Vinci et « Doni Tondo » de Michel-Ange.
- *Parcours artistique :* En vous promenant dans la galerie, vous embarquerez pour un voyage à travers l'histoire de l'art, des sculptures grecques et romaines antiques aux peintures médiévales et de la Renaissance.
- *Réservations recommandées :* En raison de sa popularité, il est fortement recommandé de réserver vos billets à l'avance pour éviter les longues files

d'attente et vous assurer d'avoir suffisamment de temps pour apprécier l'art.

3. *Vieux Pont*

Le Ponte Vecchio est le pont le plus ancien et le plus pittoresque de Florence, enjambant le fleuve Arno. Ce pont historique est réputé pour son architecture unique et son atmosphère vibrante.

- *Bijouteries :* Le pont est bordé de charmantes bijouteries en activité depuis le XVIe siècle. C'est l'endroit idéal pour dénicher des souvenirs uniques et de magnifiques bijoux.
- *Balades romantiques :* Le Ponte Vecchio est un lieu de prédilection pour les promenades romantiques en soirée, offrant une vue imprenable sur le fleuve et les toits historiques de la ville.
- *Couloir Vasari :* Au-dessus des magasins s'étend le couloir Vasari, un passage secret construit pour la

famille Médicis. Bien qu'elles ne soient pas toujours ouvertes au public, des visites peuvent être organisées pour explorer cette partie fascinante de l'histoire.

4. La Galerie de l'Académie

La Galerie de l'Académie est surtout célèbre pour abriter le « David » de Michel-Ange, l'une des sculptures les plus emblématiques au monde.

- *Le David de Michel-Ange :* D'une hauteur de plus de 17 pieds, la statue de David est un chef-d'œuvre de l'art de la Renaissance, représentant le héros biblique avec des détails époustouflants. L'anatomie, l'expression et le savoir-faire de la sculpture sont vraiment impressionnants.
- *Sculptures Renaissance :* Outre David, la galerie présente d'autres œuvres de Michel-Ange, notamment ses « Prisonniers » ou « Esclaves »

inachevés, qui offrent un aperçu de son processus créatif.
- *Instruments de musique :* L'Académie abrite également une collection d'instruments de musique historiques, offrant un aperçu unique du monde de la musique de la Renaissance.

5. *Palais Pitti et jardins de Boboli*

Le palais Pitti, autrefois résidence de la puissante famille Médicis, est un grand complexe qui comprend plusieurs musées et les magnifiques jardins de Boboli.

- *Appartements royaux :* Les somptueux appartements royaux mettent en valeur le style de vie somptueux des Médicis, avec des chambres richement décorées, des meubles ornés et des œuvres d'art exquises.

- *Galerie Palatine* : La Galerie Palatine du palais présente une impressionnante collection de peintures de la Renaissance et du baroque, notamment des œuvres de Raphaël, Titien et Rubens.
- *Jardins de Boboli* : Derrière le palais se trouvent les jardins de Boboli, un vaste parc magnifiquement aménagé. Promenez-vous dans ses pelouses bien entretenues, ses fontaines élaborées et ses statues et profitez d'une vue imprenable sur Florence.

Choses à faire
- *Explorez la Galerie des Offices :* Découvrez les chefs-d'œuvre des maîtres de la Renaissance à la Galerie des Offices.
- *Montez au Duomo :* Montez au sommet du Duomo pour une vue panoramique sur Florence.
- *Visitez la Galerie de l'Académie* : Découvrez la célèbre statue de David de Michel-Ange à la Galerie de l'Académie.
- *Promenez-vous dans le centre historique :* Explorez les charmantes rues et places du centre historique de Florence.
- *Savourez la cuisine toscane :* Savourez une délicieuse cuisine toscane, notamment des pâtes, des pizzas et du vin Chianti.

Informations pratiques
- *Emplacement:* Florence est située dans la région de Toscane, au centre de l'Italie.

- *Accessibilité:* Florence est bien reliée aux autres grandes villes d'Italie par le train et le bus.
- *Heures d'ouverture :* La plupart des attractions et des magasins de Florence ouvrent vers 10 heures du matin et ferment entre 18 heures et 21 heures.
- *Sécurité:* Florence est généralement une ville sûre, mais c'est toujours une bonne idée d'être conscient de son environnement et de prendre des précautions.

Conseils d'initiés
- *Évitez les foules :* Pour éviter les foules, visitez les attractions tôt le matin ou tard dans l'après-midi.
- *Achetez une carte touristique :* Pensez à acheter une carte touristique, qui offre des réductions sur les attractions et les transports en commun.
- *Apprenez l'italien de base :* Apprendre quelques phrases de base en italien peut améliorer votre expérience et faciliter les interactions avec les locaux.
- *Dégustez une glace :* Offrez-vous une délicieuse glace, un dessert italien populaire.
- *Faites une excursion d'une journée :* Explorez la campagne toscane en faisant une excursion d'une journée dans les villes voisines comme Sienne, Pise ou San Gimignano.
- *Errer dans les rues :* Perdez-vous dans les charmantes rues de Florence et découvrez des trésors cachés.

Florence est une ville qui capture l'essence de la Renaissance italienne. Avec son art époustouflant, sa belle architecture et son atmosphère charmante, Florence est une destination incontournable pour tout voyageur.

Venise

Venise, ville construite sur l'eau, est une destination vraiment unique et magique. Avec ses canaux, ses gondoles et son architecture époustouflante, Venise est une visite incontournable pour tout voyageur explorant l'Italie.

Une brève histoire

L'histoire de Venise remonte au Ve siècle après JC, lorsque des réfugiés fuyant les invasions barbares s'installèrent sur les îles de la lagune de Venise. La ville est progressivement devenue une puissante république maritime, dominant le commerce en mer Méditerranée.

Monuments emblématiques

1. Basilique Saint-Marc

La basilique Saint-Marc, située au cœur de Venise, sur la place Saint-Marc, est l'une des églises les plus étonnantes et les plus importantes d'un point de vue historique en Italie. Connu pour son design opulent, ses mosaïques dorées et son architecture majestueuse, il témoigne de la riche histoire et du patrimoine artistique de Venise.

- *Splendeur intérieure :* L'intérieur de la basilique est orné de plus de 8 000 mètres carrés de mosaïques dorées représentant des scènes de la Bible et de la vie du Christ. Les mosaïques chatoyantes, combinées aux sols en marbre complexes de la basilique, créent un spectacle visuel à couper le souffle.
- *Trésorerie:* Ne manquez pas le Trésor de Saint-Marc, qui abrite une collection d'objets précieux, de reliques et de trésors amassés au fil des siècles.
- *Musée:* Le musée de la basilique offre un accès aux niveaux supérieurs, offrant un aperçu plus approfondi des mosaïques et une vue imprenable sur la place Saint-Marc depuis le balcon.

2. *Le Grand Canal*

Le Grand Canal est la principale voie navigable de Venise, serpentant à travers la ville en forme de grand S inversé.

Bordée de magnifiques palais, églises et bâtiments historiques, elle offre un aperçu du passé glorieux de Venise.

- *Promenades en vaporetto :* La meilleure façon de découvrir le Grand Canal est de prendre un vaporetto (bateau-bus). La ligne 1 est une route panoramique qui vous emmène sur toute la longueur du canal, offrant une vue imprenable sur les bâtiments somptueux et le front de mer animé.
- *Promenades en gondole :* Pour une expérience plus intime et romantique, louez une gondole. En glissant sur les eaux sereines du Grand Canal et des petits canaux latéraux, vous découvrirez Venise sous un angle unique et enchanteur.
- *Pont du Rialto :* L'emblématique pont du Rialto est l'un des quatre ponts qui enjambent le Grand Canal. Ce chef-d'œuvre de marbre offre des vues spectaculaires et est bordé de boutiques vendant des bijoux, des souvenirs et des spécialités vénitiennes.

3. Palais des Doges

Le Palais des Doges, situé à côté de la basilique Saint-Marc, est un superbe exemple de l'architecture gothique vénitienne. Autrefois résidence du Doge de Venise, elle sert aujourd'hui de musée, offrant un aperçu du patrimoine politique et artistique de la ville.

- *Salles historiques :* Explorez les salles opulentes où vivait le doge et où le gouvernement vénitien menait ses affaires. La Sala del Maggior Consiglio, avec ses magnifiques peintures au plafond du Tintoret et de Véronèse, est particulièrement impressionnante.
- *Pont des Soupirs :* Le Pont des Soupirs relie le palais à la prison de l'autre côté du canal. La légende raconte que les prisonniers soupiraient en jetant un dernier regard sur la liberté avant d'être incarcérés. Traversez le pont et imaginez l'histoire poignante qu'il représente.
- *Visite des itinéraires secrets :* Pour une plongée plus approfondie dans l'histoire du palais, envisagez de

suivre la visite des itinéraires secrets. Cette visite guidée vous fait découvrir des passages cachés, des cellules de prison et des chambres de torture, révélant le côté le plus sombre de l'histoire vénitienne.

4. *La lagune vénitienne*

La lagune vénitienne est parsemée d'îles pittoresques, chacune offrant ses propres attractions et son charme.

- *Murano :* Célèbre pour son industrie verrière, Murano est une visite incontournable. Observez les maîtres verriers au travail, visitez les musées du verre et achetez de la verrerie exquise.
- *Burano :* Connue pour ses maisons aux couleurs vives et sa dentelle complexe, Burano est le paradis des photographes. Promenez-vous dans ses charmantes rues et profitez de l'atmosphère animée.
- *Torcello :* Pour une expérience plus tranquille, visitez Torcello, l'une des plus anciennes îles continuellement habitées du lagon. Explorez ses

anciennes églises, dont la basilique Santa Maria Assunta, et profitez du paysage serein.

Cuisine vénitienne

Venise offre une riche tradition culinaire, avec des plats qui reflètent son héritage maritime et ses influences culturelles uniques.

- *Cicchetti :* Semblables aux tapas espagnoles, les cicchetti sont de petites collations généralement appréciées avec un verre de vin ou un spritz. Rendez-vous dans un bacaro (bar à vin vénitien) pour déguster une variété de cicchetti, notamment des sardes au saor (sardines marinées), des polpettes (boulettes de viande) et des crostini garnis de fruits de mer ou de légumes.
- *Fruit de mer :* La proximité de Venise avec la mer garantit une abondance de fruits de mer frais. Essayez des plats comme le risotto al nero di seppia (risotto à l'encre de seiche), le baccalà mantecato (morue à la crème) et le fritto misto (fruits de mer frits mélangés).
- *Risi et Bisi :* Ce plat vénitien traditionnel à base de riz et de petits pois est un plat réconfortant simple mais délicieux. Il est généralement apprécié au printemps, lorsque les pois frais sont de saison.

Choses à faire

- *Explorez les canaux :* Promenez-vous dans les rues étroites et les canaux de Venise et imprégnez-vous de l'atmosphère unique de la ville.

- *Visitez le marché du Rialto :* Explorez ce marché animé de produits frais, de souvenirs et d'artisanat local.
- *Dégustez un verre de vin :* Détendez-vous et dégustez un verre de vin dans l'un des nombreux bars à vin de Venise.
- *Faites une excursion d'une journée :* Visitez les îles voisines comme Murano, Burano et Torcello pour une excursion d'une journée.

Informations pratiques

- *Emplacement:* Venise est située dans la région de Vénétie, au nord de l'Italie.
- *Accessibilité:* Venise est bien reliée aux autres grandes villes d'Italie par le train et le bus.
- *Heures d'ouverture :* Les attractions et les magasins de Venise ouvrent généralement vers 10 heures du matin et ferment entre 18 heures et 21 heures.
- *Sécurité:* Venise est généralement une ville sûre, mais c'est toujours une bonne idée d'être conscient de son environnement et de prendre des précautions.

Conseils d'initiés

- *Évitez les foules :* Pour éviter les foules, visitez les attractions tôt le matin ou tard dans l'après-midi.
- *Achetez une carte touristique :* Pensez à acheter une carte touristique, qui offre des réductions sur les attractions et les transports en commun.
- *Faites un tour en gondole :* Une balade en gondole est une expérience incontournable à Venise.

- *Explorez les îles :* Faites une excursion d'une journée dans les îles voisines comme Murano, Burano et Torcello.
- *Essayez Cicchetti :* Les cicchetti sont de petites collations vénitiennes parfaites pour un déjeuner léger ou une collation.
- *Errer dans les rues:* Perdez-vous dans les charmantes rues de Venise et découvrez des trésors cachés.

Venise est une ville qui captive l'imagination. Avec son architecture époustouflante, son atmosphère romantique et ses expériences uniques, Venise est une destination incontournable pour tout voyageur explorant l'Italie.

Milan

Milan, la capitale italienne de la mode, est une ville dynamique et cosmopolite avec une histoire et une culture riches. Connue pour ses boutiques de classe mondiale, son architecture époustouflante et sa délicieuse cuisine, Milan est une destination incontournable.

Une brève histoire

Milan a une histoire longue et riche, qui remonte à l'Empire romain. La ville a joué un rôle important dans l'histoire et la culture italiennes, étant la capitale du royaume lombard et du duché de Milan.

Monuments emblématiques

   1. *Cathédrale de Milan*

Le Duomo di Milano, la cathédrale emblématique de Milan, est l'une des cathédrales gothiques les plus grandes et les plus étonnantes au monde. Il a fallu près de six siècles pour le terminer, ce qui a donné naissance à une merveille architecturale à la fois complexe et imposante.

- *Terrasses sur le toit :* L'un des points forts de la visite du Duomo est l'exploration de ses toits-terrasses. De là, vous pourrez profiter d'une vue panoramique à couper le souffle sur Milan et vous rapprocher des flèches et des statues complexes de la cathédrale.
- *Intérieur:* À l'intérieur, le Duomo est tout aussi impressionnant avec sa vaste nef, ses superbes vitraux et ses nombreuses statues. Ne manquez pas la statue de Saint-Barthélemy et l'autel joliment orné.
- *Place de la Cathédrale :* La place devant la cathédrale, la Piazza del Duomo, est un lieu de

rassemblement animé entouré de bâtiments historiques, de boutiques et de cafés.

2. *Galerie Vittorio Emanuele II*

Adjacente au Duomo, la Galleria Vittorio Emanuele II est l'un des plus anciens centres commerciaux du monde. Cette grande arcade, avec son toit de verre et de fer, est un chef-d'œuvre de l'architecture du XIXe siècle et un symbole de l'élégance de Milan.

- *Achats de luxe :* La Galleria abrite certaines des marques de mode les plus prestigieuses au monde, notamment Prada, Gucci et Louis Vuitton. C'est un paradis pour les acheteurs de luxe et les passionnés de mode.
- *À manger:* La Galleria abrite également une sélection de restaurants haut de gamme et de cafés historiques. Savourez un repas ou un café tout en

admirant la belle architecture et en regardant les gens dans cet espace animé.
- *Architecture:* Prenez le temps d'apprécier l'architecture époustouflante de la Galleria, notamment son dôme central, ses mosaïques complexes et ses façades élégantes.

3. *Théâtre de la Scala*

La Scala, le célèbre opéra de Milan, est l'un des plus célèbres et prestigieux au monde. Depuis son ouverture en 1778, il a accueilli certains des plus grands artistes et performances de l'histoire de l'opéra.

- *Représentations d'opéra :* Assister à une représentation à La Scala est un incontournable pour tout amateur d'opéra. L'acoustique et l'atmosphère du théâtre sont inégalées et offrent une expérience inoubliable.

- *Musée:* La Scala abrite également un musée où vous pourrez explorer une collection de costumes, d'instruments de musique et de souvenirs liés à l'histoire de l'opéra.
- *Visites guidées :* Pour ceux qui ne peuvent assister à une représentation, des visites guidées du théâtre et de son musée offrent un aperçu fascinant de son histoire et de son architecture.

4. *La Cène*

L'une des œuvres d'art les plus célèbres au monde, « La Cène » de Léonard de Vinci, se trouve dans le couvent de Santa Maria delle Grazie. Cette fresque murale emblématique représente le moment où Jésus annonce qu'un de ses disciples le trahira.

- *Réservations :* Pour voir « La Cène », il faut réserver à l'avance en raison de sa popularité et de la nécessité de préserver ce tableau délicat. Réservez vos billets bien à l'avance.
- *Visites guidées :* Pensez à faire une visite guidée pour mieux comprendre l'histoire et la signification de ce chef-d'œuvre. De nombreuses visites incluent également des visites d'autres sites remarquables de Milan.
- *Couvent de Santa Maria delle Grazie :* L'église et le couvent, classés au patrimoine mondial de l'UNESCO, méritent également d'être explorés. L'architecture de l'église est un beau mélange de styles gothique et Renaissance.

5. Quartier des Navigli

Le quartier des Navigli, caractérisé par son réseau de canaux, offre une ambiance vibrante et branchée. C'est un endroit parfait à explorer pendant la journée et s'anime la nuit grâce à sa vie nocturne animée.

- *Promenades sur les canaux :* Promenez-vous le long des canaux bordés de charmants bâtiments, boutiques et cafés. Le Naviglio Grande et le Naviglio Pavese sont les deux principaux canaux à explorer.
- *Apéritif :* Le Navigli est célèbre pour sa culture de l'apéritif. Savourez un apéritif et des collations dans l'un des nombreux bars et cafés le long des canaux.
- *Art et antiquités :* Le quartier est également connu pour ses galeries d'art et ses antiquaires. Le dernier dimanche de chaque mois, le Naviglio Grande accueille un grand marché d'antiquités qui attire des visiteurs de partout.

6. **Brera**

Le quartier de Brera est le cœur artistique de Milan, abritant la prestigieuse Pinacothèque de Brera et une atmosphère bohème qui attire artistes, étudiants et créatifs.

- *Galerie d'art de Brera :* Cette galerie d'art de classe mondiale abrite une superbe collection d'art de la Renaissance italienne, comprenant des œuvres de Raphaël, du Caravage et du Titien. La galerie elle-même est un magnifique bâtiment historique qui mérite d'être exploré.
- *Jardin Botanique de Brera :* Joyau caché du quartier, le jardin botanique de Brera offre un havre de paix avec ses magnifiques jardins et sa serre historique.
- *Boutiques et cafés :* Les rues étroites de Brera sont bordées de charmantes boutiques, galeries d'art et cafés. C'est un endroit parfait pour se promener et s'imprégner de l'ambiance créative.

Achats

- *Quadrilatère de la mode :* Ce quartier haut de gamme abrite certaines des marques de mode les plus prestigieuses au monde, notamment Gucci, Prada et Armani.
- *Galerie Vittorio Emanuele II :* Cette galerie marchande propose une variété de marques de luxe et de grands magasins.
- *Marché de Porta Ticinese :* Un marché dynamique proposant une large gamme de produits, des vêtements et accessoires à la nourriture et aux souvenirs.

Nourriture et boisson
- *Risotto :* Milan est célèbre pour son risotto, un plat de riz crémeux souvent servi avec de la viande, des fruits de mer ou des légumes.
- *Osso-buco :* Ce plat traditionnel milanais se compose de jarret de veau braisé servi avec un risotto ou de la polenta.
- *Panettone :* Offrez-vous un délicieux panettone, un pain sucré souvent apprécié pendant la période de Noël.

Choses à faire
- *Explorez le Duomo :* Montez au sommet du Duomo pour une vue panoramique sur Milan.
- *Visitez La Scala :* Assistez à une représentation à La Scala, l'un des opéras les plus célèbres au monde.

- *Faites du shopping dans le quartier de la mode :* Offrez-vous une séance de shopping dans les boutiques exclusives du Quadrilatero della Moda.
- *Visitez le château des Sforza :* Explorez le château des Sforza et ses musées.
- *Dégustez un Spritz :* Essayez un Spritz, un cocktail rafraîchissant très populaire à Milan.

Informations pratiques
- *Emplacement :* Milan est située dans la région de Lombardie, au nord de l'Italie.
- *Accessibilité :* Milan est bien reliée aux autres grandes villes d'Italie par le train et le bus.
- *Heures d'ouverture :* Les magasins et restaurants de Milan ouvrent généralement vers 10 heures du matin et ferment entre 18 heures et 21 heures.
- *Sécurité :* Milan est généralement une ville sûre, mais c'est toujours une bonne idée d'être conscient de son environnement et de prendre des précautions.

Conseils d'initiés
- *Évitez les foules :* Pour éviter les foules, visitez les attractions tôt le matin ou tard dans l'après-midi.
- *Achetez une carte touristique :* Pensez à acheter une carte touristique, qui offre des réductions sur les attractions et les transports en commun.
- *Apprenez quelques phrases en italien :* Apprendre quelques phrases de base en italien peut améliorer votre expérience et faciliter les interactions avec les locaux.

- *Dégustez un Spritz :* Un Spritz est un cocktail italien populaire, parfait à savourer par une journée chaude.
- *Faites une excursion d'une journée :* Explorez les magnifiques lacs italiens ou visitez les villes voisines comme Bergame ou Vérone.
- *Errer dans les rues :* Perdez-vous dans les charmantes rues de Milan et découvrez des trésors cachés.

Milan est une ville dynamique et cosmopolite qui offre un mélange unique d'histoire, de culture et de mode. Avec son architecture époustouflante, sa cuisine délicieuse et ses boutiques de classe mondiale, Milan est une destination incontournable pour tout voyageur explorant l'Italie.

Côte amalfitaine

La côte amalfitaine, classée au patrimoine mondial de l'UNESCO, est réputée pour sa beauté époustouflante, ses villes charmantes et sa délicieuse cuisine. Ce littoral pittoresque offre une expérience vraiment inoubliable aux voyageurs recherchant une combinaison de détente, d'aventure et d'exploration culturelle.

Villes clés

1. Positano

Positano, souvent considérée comme le joyau de la côte amalfitaine, est célèbre pour ses rues étroites et escarpées, ses bâtiments colorés et ses vues imprenables sur la mer Méditerranée. Ce village pittoresque dévale les falaises, créant un paysage urbain vertical fascinant.

- *Grande plage :* La plage principale de Positano, Spiaggia Grande, est un endroit animé où vous pourrez vous détendre sur les rives de galets, nager dans des eaux cristallines et profiter de la vue sur le village coloré qui s'élève derrière vous.
- *Chemin des Dieux :* Pour les amateurs de randonnée, le Sentiero degli Dei (Chemin des Dieux) propose un sentier spectaculaire avec vue panoramique sur le littoral. Le sentier s'étend de Bomerano à Nocelle et est un incontournable pour ses vues à couper le souffle.
- *Église de Santa Maria Assunta :* Cette église emblématique, avec son dôme distinctif recouvert

de carreaux de majolique, est un monument incontournable. L'intérieur présente de belles œuvres d'art, dont une icône byzantine de la Madone du XIIIe siècle.

2. *Amalfi*

Amalfi, la république maritime historique, offre un mélange de patrimoine culturel et de paysages époustouflants. Autrefois un puissant centre commercial, la ville conserve une grande partie de son charme historique et possède des monuments architecturaux impressionnants.

- *Cathédrale d'Amalfi :* La cathédrale Saint-André (Duomo di Amalfi) est un exemple frappant d'architecture médiévale, avec une superbe façade, de belles mosaïques et un charmant cloître. Ne manquez pas la crypte où sont conservées les reliques de saint André.

- *Musée du papier :* Amalfi a une riche histoire de fabrication de papier. Le Museo della Carta (Musée du papier) offre un regard fascinant sur cette tradition, avec des démonstrations d'anciennes techniques de fabrication du papier.
- *Vallée des Ferrières :* Pour les amoureux de la nature, la Valle delle Ferriere propose un sentier de randonnée pittoresque à travers une vallée luxuriante avec des cascades et des plantes rares. C'est une évasion sereine de la côte animée.

3. Ravello

Perchée au-dessus de la côte amalfitaine, Ravello est réputée pour son atmosphère sereine, ses jardins exquis et ses vues panoramiques. Cette ville tranquille est un lieu de retraite pour les artistes, musiciens et écrivains depuis des siècles.

- *Villa Rufolo:* Cette villa historique, avec ses magnifiques jardins surplombant la mer, a inspiré l'opéra « Parsifal » de Wagner. Les jardins sont un point culminant, offrant une superbe exposition de fleurs, d'arbres et de sculptures.

- *Villa Cimbrone:* Une autre villa incontournable, la Villa Cimbrone, possède la célèbre Terrasse de l'Infini, qui offre l'une des vues les plus époustouflantes de la côte amalfitaine. Les jardins sont tout aussi enchanteurs, avec des sentiers menant à travers une verdure luxuriante et des statues classiques.
- *Fête de Ravello :* Si vous visitez en été, ne manquez pas le Festival de Ravello, un festival de musique et d'art renommé qui se déroule dans les lieux historiques de la ville, notamment les jardins de la Villa Rufolo.

4. Sorrente

Sorrente, bien que techniquement ne fasse pas partie de la côte amalfitaine, est souvent considérée comme sa porte d'entrée. Cette ville animée offre une vue imprenable sur la baie de Naples, des rues charmantes et une atmosphère animée.

- *Place du Tasse :* La place principale de Sorrente, Piazza Tasso, est un centre d'activité bordé de cafés, de boutiques et de bâtiments historiques. C'est un endroit idéal pour commencer votre exploration de la ville.
- *Marina Grande :* Ce village de pêcheurs pittoresque de Sorrente est connu pour ses maisons colorées, ses restaurants de fruits de mer et son ambiance détendue. C'est un endroit parfait pour un repas tranquille au bord de la mer.
- *Limoncello :* Sorrente est célèbre pour ses citrons et la délicieuse liqueur qui en est issue, le limoncello. De nombreux commerces locaux proposent des dégustations et vendent des bouteilles à emporter.

5. **Praiano**

Nichée entre Positano et Amalfi, Praiano est une alternative plus calme à ses voisins plus célèbres. Connue pour ses belles plages et ses magnifiques couchers de soleil, c'est un endroit idéal pour ceux qui recherchent la tranquillité.

- *Marina de Plage :* Cette petite plage charmante est nichée dans une crique et est parfaite pour se baigner et bronzer. Les restaurants à proximité, à flanc de falaise, proposent de délicieux fruits de mer avec des vues incroyables.
- *Église San Gennaro :* Cette jolie église, avec son dôme aux tuiles colorées, offre de belles vues sur le littoral. L'intérieur est tout aussi impressionnant, avec des fresques complexes et une atmosphère paisible.
- *Accès au Chemin des Dieux :* Praiano donne accès au célèbre sentier de randonnée Sentier des Dieux, offrant un autre point d'entrée à cette promenade spectaculaire.

Choses à faire

- *Profitez des plages :* Détendez-vous sur les belles plages de la côte amalfitaine, comme Positano Beach et Marina Grande.
- *Explorez les villes :* Promenez-vous dans les charmantes rues d'Amalfi, Positano et Ravello, en admirant les maisons colorées et les vues pittoresques.
- *Visitez les ruines de Pompéi :* Faites une excursion d'une journée dans l'ancienne ville romaine de Pompéi, préservée par une éruption volcanique.
- *Parcourez le Chemin des Dieux :* Embarquez pour une randonnée pittoresque le long du Sentier des Dieux, offrant une vue imprenable sur le littoral.
- *Savourez la cuisine locale :* Savourez une délicieuse cuisine italienne, notamment des fruits de mer, des pâtes et des pizzas.

Informations pratiques

- *Emplacement:* La côte amalfitaine est située dans la région de Campanie, au sud de l'Italie.
- *Accessibilité:* La côte amalfitaine est facilement accessible en voiture, en bus ou en bateau.
- *Heures d'ouverture :* Les magasins et restaurants de la côte amalfitaine ouvrent généralement vers 10 heures du matin et ferment entre 18 heures et 21 heures.
- *Transport:* La côte amalfitaine peut être explorée en voiture, en bus ou en bateau.

- *Hébergement:* Il existe une variété d'options d'hébergement disponibles sur la côte amalfitaine, des hôtels de luxe aux maisons d'hôtes économiques.
- *Sécurité:* La côte amalfitaine est généralement une destination sûre, mais soyez conscient de votre environnement et prenez des précautions, surtout lorsque vous conduisez sur des routes sinueuses.

Conseils d'initiés

- *Évitez les foules :* Pour éviter les foules, visitez la côte amalfitaine pendant les saisons intermédiaires (printemps et automne).
- *Réservez votre hébergement à l'avance :* Les villes populaires de la côte amalfitaine peuvent être bondées pendant la haute saison, alors réservez votre hébergement longtemps à l'avance.
- *Louer une voiture :* Louer une voiture est le meilleur moyen d'explorer la côte amalfitaine à votre rythme.
- *Faites une excursion en bateau :* Profitez d'une excursion panoramique en bateau le long du littoral pour découvrir les belles villes et plages depuis l'eau.
- *Essayez la cuisine locale :* Savourez une délicieuse cuisine locale, notamment des fruits de mer, des pâtes et du limoncello.
- *Parcourez le Chemin des Dieux :* Embarquez pour une randonnée panoramique le long du Sentier des Dieux, offrant une vue imprenable sur le littoral.

La côte amalfitaine est une destination vraiment magique qui offre une combinaison de détente, d'aventure et d'exploration culturelle. Avec sa beauté époustouflante, ses villes charmantes et sa cuisine délicieuse, la côte amalfitaine est une visite incontournable pour tout voyageur explorant l'Italie.

Toscane

La Toscane, une région du centre de l'Italie, est réputée pour ses collines, ses vignobles pittoresques et ses charmantes villes médiévales. Cette région est une destination incontournable pour ceux qui recherchent une escapade paisible et relaxante.

Villes clés

1. Florence

Florence, la capitale de la Toscane, est un trésor d'art et d'architecture de la Renaissance. Abritant des monuments emblématiques tels que la cathédrale de Florence (Duomo), la Galerie des Offices et le David de Michel-Ange, la ville offre un voyage immersif au cœur de l'art et de l'histoire italienne.

- *Cathédrale de Florence (Duomo) :* L'impressionnante coupole de la cathédrale, conçue par Filippo Brunelleschi, domine l'horizon de la ville. Grimper au sommet offre une vue panoramique sur Florence et sa campagne environnante.
- *Galerie des Offices :* Abritant des chefs-d'œuvre d'artistes comme Léonard de Vinci, Botticelli et Raphaël, la Galerie des Offices est une visite incontournable pour les amateurs d'art.

- *Vieux Pont :* Ce pont médiéval en pierre, bordé de bijouteries, est l'un des endroits les plus pittoresques de Florence.

2. Sienne

Sienne, avec son architecture médiévale bien préservée et sa scène culturelle dynamique, est un autre joyau de la Toscane. La ville est célèbre pour son centre historique, classé au patrimoine mondial de l'UNESCO, et pour le Palio, une course hippique palpitante organisée deux fois par an.

- *Place du Campo :* Cette place en forme de coquille est le cœur de Sienne et le lieu du Palio. Il est entouré de bâtiments gothiques, dont le Palazzo Pubblico et sa tour, Torre del Mangia.
- *Cathédrale de Sienne :* Connue pour sa superbe façade à rayures noires et blanches et son intérieur complexe, la cathédrale est un superbe exemple de l'architecture gothique italienne.

- *Palio de Sienne :* Cette course hippique historique, organisée en juillet et août, est un événement unique et exaltant qui met en valeur les riches traditions et l'esprit communautaire de Sienne.

3. Chianti

La région du Chianti, nichée entre Florence et Sienne, est synonyme de certains des meilleurs vins d'Italie. Des vignobles vallonnés, des villages charmants et des routes panoramiques font du Chianti une délicieuse escapade pour les amateurs de vin et les amoureux de la nature.

- *Dégustation de vins:* De nombreux vignobles proposent des visites et des dégustations, permettant aux visiteurs de déguster le Chianti Classico et d'autres vins régionaux. La Route des Vins (Strada del Vino) est une route populaire qui sillonne la région.

- *Greve in Chianti:* Ce village, souvent considéré comme la porte d'entrée du Chianti, accueille chaque année le festival du vin Chianti Classico en septembre et abrite une place pittoresque et le musée du vin.
- *Castellina in Chianti:* Connue pour son héritage étrusque et sa forteresse médiévale, Castellina offre un mélange d'histoire, de vin et de paysages époustouflants.

4. Pise

Si Pise est mondialement connue pour sa tour penchée, la ville offre bien plus à explorer. La Piazza dei Miracoli, où se dresse la tour, est un site classé au patrimoine mondial de l'UNESCO qui comprend également la cathédrale de Pise, le baptistère et le Camposanto Monumentale.

- *Tour penchée de Pise :* L'ascension de la tour offre une perspective unique sur la ville et ses environs. Assurez-vous de réserver vos billets à l'avance, car c'est une attraction populaire.

- *Cathédrale de Pise :* Cette cathédrale romane, avec sa façade complexe et ses intérieurs époustouflants, est un chef-d'œuvre de l'architecture médiévale.
- *Baptistère :* Il s'agit du plus grand baptistère d'Italie, réputé pour son acoustique et sa conception complexe.

5. Val d'Orcia

Le Val d'Orcia, site classé au patrimoine mondial de l'UNESCO, incarne la quintessence du paysage toscan. Les collines, les routes bordées de cyprès et les charmantes villes font de cette région un paradis pour les photographes et les amoureux de la nature.

- *Pienza :* Conçue comme une ville idéale de la Renaissance, Pienza est connue pour son architecture harmonieuse et son délicieux fromage pecorino.
- *Montalcino :* Cette ville perchée est célèbre pour le Brunello di Montalcino, l'un des vins les plus prestigieux d'Italie. Les caves à vin et les œnothèques proposent des dégustations et des visites.
- *San Quirico d'Orcia :* Cette ville pittoresque possède des murs médiévaux bien conservés et les magnifiques jardins Horti Leonini.

Choses à faire

- *Explorez la campagne toscane :* Traversez la campagne toscane pittoresque en profitant des collines, des vignobles et des oliveraies.

- *Visitez une cave :* Dégustez de délicieux vins toscans dans l'un des nombreux vignobles de la région.
- *Savourez la cuisine toscane :* Savourez une délicieuse cuisine toscane, notamment des pâtes, des pizzas et du vin Chianti.
- *Randonnée ou vélo :* Explorez la campagne toscane à pied ou à vélo en profitant des magnifiques paysages.
- *Visitez une ville médiévale :* Promenez-vous dans les charmantes rues des villes médiévales comme Sienne et San Gimignano.

Informations pratiques
- *Emplacement:* La Toscane est située au centre de l'Italie.
- *Accessibilité:* La Toscane est bien reliée aux autres grandes villes d'Italie par le train et le bus.
- *Heures d'ouverture :* Les magasins et restaurants en Toscane ouvrent généralement vers 10 heures du matin et ferment entre 18 heures et 21 heures.
- *Transport:* La Toscane est bien desservie par les trains et les bus, ce qui facilite l'exploration de la région.
- *Hébergement:* Il existe une variété d'options d'hébergement disponibles en Toscane, des hôtels de luxe aux maisons d'hôtes économiques.
- *Sécurité:* La Toscane est généralement une région sûre, mais c'est toujours une bonne idée d'être conscient de son environnement et de prendre des précautions.

Conseils d'initiés

- *Louer une voiture :* Louer une voiture est le meilleur moyen d'explorer la campagne toscane à votre rythme.
- *Profitez d'une dégustation de vin :* Visitez une cave et dégustez de délicieux vins toscans.
- *Suivez un cours de cuisine :* Apprenez à cuisiner des plats toscans traditionnels.
- *Visiter un Spa Thermal :* Détendez-vous et ressourcez-vous dans l'un des nombreux spas thermaux de Toscane.
- *Explorez les collines toscanes :* Faites de la randonnée ou du vélo à travers les magnifiques collines toscanes et profitez de paysages époustouflants.
- *Assister à un festival :* La Toscane accueille de nombreux festivals tout au long de l'année, célébrant la gastronomie, le vin et les traditions locales.

La Toscane est une région d'une beauté à couper le souffle et d'une histoire riche. Avec ses charmantes villes, sa cuisine délicieuse et ses paysages époustouflants, la Toscane est une destination incontournable pour tout voyageur explorant l'Italie.

Chapitre 4

Attractions incontournables

Monuments emblématiques

L'Italie abrite une multitude de monuments emblématiques qui capturent la riche histoire et la beauté architecturale du pays. Ces monuments sont des attractions incontournables pour tout visiteur en Italie.

Colisée, Rome
- *Un symbole de la Rome antique :* Le Colisée, un amphithéâtre emblématique, témoigne de la grandeur de l'Empire romain.
- *Importance historique :* Autrefois utilisé pour des concours de gladiateurs et des spectacles publics, le Colisée est un site du patrimoine mondial de l'UNESCO.
- *Visites guidées :* Explorez le Colisée avec une visite guidée pour en apprendre davantage sur son histoire et son architecture.

Tour penchée de Pise

- *Une inclinaison unique :* La Tour Penchée de Pise est célèbre pour son inclinaison particulière, causée par le sol meuble sur lequel elle a été construite.
- *Clocher :* La Tour Penchée est en réalité un clocher de la cathédrale de Pise.
- *Opportunité de photos :* Prenez une photo mémorable avec la tour penchée comme toile de fond.

Duomo de Florence
- *Chef-d'œuvre de la Renaissance :* Le Duomo de Florence est un superbe exemple d'architecture de la Renaissance, avec un grand dôme conçu par Brunelleschi.
- *Montez au Dôme :* Montez au sommet du dôme pour une vue panoramique sur Florence.
- *Visitez le Baptistère :* Admirez les magnifiques portes du baptistère, notamment les portes du paradis de Ghiberti.

Basilique Saint-Marc, Venise
- *Beauté byzantine :* La basilique Saint-Marc est un chef-d'œuvre de l'architecture byzantine, ornée de mosaïques et de sculptures complexes.
- *Basilique d'Or :* La basilique est souvent surnommée la « Basilique d'Or » en raison de sa somptueuse décoration.
- *Place Saint-Marc :* La basilique est située sur l'emblématique place Saint-Marc, entourée d'autres monuments remarquables.

Fontaine de Trevi, Rome
- *Un symbole de Rome :* La fontaine de Trevi est l'une des fontaines les plus célèbres au monde, connue pour son design complexe et son style baroque.
- *Faire un vœu:* Jetez une pièce de monnaie dans la fontaine et faites un vœu.
- *Une architecture époustouflante :* Admirez les sculptures complexes et les jeux d'eau de la fontaine.

Roman Cuisine

La scène culinaire de Rome est une délicieuse exploration des saveurs traditionnelles et des innovations modernes. La culture culinaire de la ville est enracinée dans des ingrédients simples et de haute qualité et des recettes traditionnelles.

- *Plats classiques :* Savourez des plats romains emblématiques tels que Cacio e Pepe (pâtes au fromage et poivre), Carbonara (pâtes aux œufs, fromage et pancetta) et Saltimbocca alla Romana (veau garni de prosciutto et de sauge).
- *Trattorias et Osterias :* Découvrez une cuisine romaine authentique dans les trattorias et osterias locales. Ces établissements familiaux proposent des repas copieux et faits maison dans une ambiance chaleureuse et chaleureuse.
- *Cuisine de rue :* Ne manquez pas la scène animée de la cuisine de rue de Rome. Essayez le Supplì (boulettes de riz frites à la mozzarella), la Porchetta

(rôti de porc) et le Gelato de l'une des nombreuses gelaterias artisanales de la ville.

Festivals et événements

Le calendrier de Rome regorge de festivals et d'événements qui célèbrent son riche patrimoine culturel et son esprit animé.

- *La Fête de Rome :* Célébrez la nouvelle année avec La Festa di Roma, une célébration à l'échelle de la ville avec de la musique, des spectacles et des feux d'artifice le long du Tibre.

- *Rome Film Fest :* Organisé en octobre, le Festival du Film de Rome est un événement majeur qui attire cinéastes, acteurs et cinéphiles du monde entier. Profitez de projections, de premières et de discussions avec des professionnels du secteur.

- *Noël à Rome :* Célébrez l'anniversaire de Rome le 21 avril avec des défilés, des reconstitutions historiques et des feux d'artifice. La ville s'anime de festivités qui honorent sa légendaire fondation par Romulus et Remus.

Ce ne sont là que quelques exemples des nombreux monuments emblématiques que l'Italie a à offrir. L'exploration de ces monuments vous permettra de mieux comprendre la riche histoire et la culture italienne.

Musées et galeries

L'Italie abrite une vaste collection de musées et de galeries de classe mondiale, offrant un voyage fascinant à travers l'histoire, l'art et la culture. Des ruines romaines antiques aux chefs-d'œuvre de la Renaissance, ces institutions mettent en valeur le riche patrimoine du pays.

Musées du Vatican, Rome

- *Collection de classe mondiale :* Les musées du Vatican abritent l'une des collections d'art et d'objets d'art les plus vastes et les plus complètes au monde.
- *Points forts :* Explorez la chapelle Sixtine, les salles de Raphaël et le musée égyptien.

Galerie des Offices, Florence

- *Chefs-d'œuvre de la Renaissance :* La Galerie des Offices est réputée pour sa collection d'art de la

Renaissance, comprenant des œuvres de Léonard de Vinci, Michel-Ange et Raphaël.

- *Points forts:* Admirez La Naissance de Vénus de Botticelli et La Naissance de Vénus de Michel-Ange.

Galerie de l'Académie, Florence
- *Le David de Michel-Ange :* La Galerie de l'Académie abrite la statue emblématique de David de Michel-Ange, l'une des œuvres d'art les plus célèbres au monde.

- *Autres chefs-d'œuvre :* La galerie abrite également d'autres œuvres importantes de l'art de la Renaissance.

Galerie de l'Académie, Venise
- *Art vénitien :* Cette galerie présente une collection d'art vénitien, notamment des œuvres du Titien, du Tintoret et de Véronèse.

Herculanum et Pompéi
- *Villes romaines antiques :* Explorez les ruines de ces anciennes villes romaines, préservées par les éruptions volcaniques.
- *Artefacts :* Découvrez des artefacts et des fresques qui donnent un aperçu de la vie quotidienne dans la Rome antique.

Musée Archéologique National, Naples

- *Trésors antiques :* Ce musée abrite une vaste collection d'objets du monde romain antique.

Autres musées remarquables
- *Palais Vecchio, Florence :* L'ancien palais de la famille Médicis abrite une collection d'art et d'objets.
- *Musées du Capitole, Rome :* Ces musées présentent une collection de sculptures et d'objets romains antiques.
- *Musée national du Bargello, Florence :* Ce musée abrite une collection de sculptures de la Renaissance, notamment des œuvres de Michel-Ange et de Donatello.

Les musées et galeries italiens offrent une multitude d'expériences culturelles, allant de l'exploration des civilisations anciennes à la découverte des chefs-d'œuvre de la Renaissance. Avec autant d'institutions de classe mondiale parmi lesquelles choisir, vous êtes sûr de trouver quelque chose qui vous intéresse.

Sites historiques

La riche histoire de l'Italie est évidente dans ses nombreux sites historiques, offrant un voyage fascinant à travers le passé du pays. Des ruines romaines antiques aux châteaux médiévaux, ces sites offrent un aperçu du patrimoine culturel italien.

Ruines romaines

- *Colisée, Rome :* L'un des monuments les plus emblématiques d'Italie, le Colisée est un amphithéâtre romain bien conservé.
- *Forum Romain, Rome :* Explorez les ruines du Forum romain, le cœur de la Rome antique.
- *Pompéi et Herculanum :* Découvrez les villes préservées de Pompéi et d'Herculanum, ensevelies par une éruption volcanique.
- *Ostie antique :* Visitez l'ancienne ville portuaire d'Ostia Antica, offrant un aperçu de la vie quotidienne à l'époque romaine.

Villes médiévales
- *San Gimignano, Toscane :* Cette ville perchée est célèbre pour ses tours médiévales et ses rues pittoresques.

- *Sienne, Toscane :* Explorez le centre historique de Sienne, avec sa magnifique Piazza del Campo et son architecture gothique.

- *Pienza, Toscane* : Une charmante ville médiévale connue pour son architecture Renaissance et sa cuisine délicieuse.
- *Assise, Ombrie* : Une ville perchée avec une riche histoire religieuse, qui abrite la basilique Saint-François.

Villes d'art de la Renaissance
- *Florence:* Découvrez le berceau de la Renaissance, avec ses musées et galeries d'art de renommée mondiale.
- *Rome:* Explorez la Cité du Vatican et les nombreuses églises et palais Renaissance de Rome.
- *Venise* : Admirez l'architecture vénitienne de la Renaissance, notamment la basilique Saint-Marc et le palais des Doges.

Autres sites historiques remarquables
- *Tour penchée de Pise :* Ce monument emblématique est un incontournable pour tout visiteur en Toscane.
- *Côte amalfitaine :* Explorez les ruines antiques d'Amalfi et de Positano, charmantes villes de la côte amalfitaine.
- *Dolomites* : Découvrez les formations rocheuses préhistoriques et les anciens châteaux des Dolomites.

Les sites historiques de l'Italie offrent un voyage fascinant à travers le passé du pays. En explorant ces sites, vous pourrez mieux comprendre la riche histoire et la culture italienne.

Beauté Naturelle

L'Italie est dotée d'une beauté naturelle à couper le souffle, allant des montagnes escarpées aux côtes pittoresques. L'exploration des paysages naturels du pays est un incontournable pour tout voyageur en quête d'aventure et de détente.

Les Alpes italiennes

- *Montagnes dramatiques :* Les Alpes italiennes offrent des paysages époustouflants, avec des sommets imposants, des lacs aux eaux cristallines et de charmants villages alpins.
- *Randonnée et ski :* Profitez de la randonnée, du ski et d'autres activités de plein air dans les Alpes italiennes.
- *Destinations populaires :* Les destinations populaires dans les Alpes italiennes incluent Cortina d'Ampezzo, les Dolomites et le lac de Garde.

La campagne toscane

- *Collines vallonnées :* La campagne toscane est réputée pour ses collines, ses vignobles et ses oliveraies.
- *Routes panoramiques :* Faites une route panoramique à travers la campagne toscane, profitez des magnifiques paysages et arrêtez-vous dans de charmants villages.
- *Dégustation de vins :* Visitez une cave et dégustez de délicieux vins toscans.

La côte amalfitaine
- *Littoral pittoresque :* La côte amalfitaine est célèbre pour ses falaises spectaculaires, ses villes pittoresques et ses eaux cristallines.
- *Plages :* Détendez-vous sur les belles plages de la côte amalfitaine, comme Positano Beach et Marina Grande.
- *Randonnée :* Profitez de la randonnée le long du Sentier des Dieux, offrant une vue imprenable sur le littoral.

The Cinque Terre
- *Cinq Villages :* Les Cinque Terre sont une région de la Riviera italienne composée de cinq villages colorés perchés sur des falaises surplombant la mer.
- *Sentiers de randonnée :* Explorez les Cinque Terre en parcourant les sentiers pittoresques qui relient les villages.
- *Excursions en bateau :* Faites une excursion en bateau pour admirer les magnifiques paysages depuis l'eau.

Lacs
- *Lac de Garde :* Le plus grand lac d'Italie, offrant de magnifiques paysages, des sports nautiques et de charmantes villes.

- *Lac de Côme :* Une destination populaire pour les villas de luxe et les paysages époustouflants.

- *Lac Majeur :* Le troisième plus grand lac d'Italie, connu pour ses belles îles et ses vignobles.

La beauté naturelle de l'Italie est vraiment à couper le souffle. Que vous recherchiez l'aventure, la détente ou simplement la chance de profiter de paysages époustouflants, explorer les paysages naturels de l'Italie est un incontournable.

Chapitre 5

Nourriture et boisson

Cuisine italienne

La cuisine italienne est réputée dans le monde entier pour ses saveurs riches, sa diversité régionale et l'importance accordée aux ingrédients de haute qualité. C'est bien plus que de la nourriture ; il incarne la culture, les traditions et l'histoire de l'Italie.

La fondation de la cuisine italienne

Au cœur de la cuisine italienne se trouve une profonde appréciation pour les ingrédients frais et de saison. La philosophie culinaire italienne est centrée sur la simplicité, laissant transparaître les saveurs naturelles des produits, des viandes et des fruits de mer de haute qualité. Voici quelques éléments fondamentaux de la cuisine italienne :

- *Ingrédients de qualité* : Les cuisiniers italiens privilégient l'utilisation d'ingrédients frais et locaux. Les fruits, légumes, viandes et produits laitiers proviennent des marchés locaux, mettant l'accent sur les produits de saison qui rehaussent la saveur du plat.

- *Herbes et épices :* La cuisine italienne repose largement sur les herbes fraîches comme le basilic, l'origan, le romarin et le persil, qui ajoutent des qualités aromatiques aux plats. L'huile d'olive, l'ail et le vinaigre sont des produits de base qui apportent profondeur et complexité aux saveurs.

Diversité régionale

L'Italie abrite diverses traditions culinaires, chaque région possédant ses spécialités uniques influencées par la géographie, le climat et les influences historiques. Voici un aperçu de quelques cuisines régionales :

- *Italie du Nord :* Dans des régions comme la Lombardie et la Vénétie, la cuisine propose de riches risottos, polentas et sauces crémeuses. Les plats incorporent souvent du beurre, du fromage et des viandes comme le porc et le gibier. Le fameux plat *Risotto au safran*, à base de safran, illustre les traditions culinaires de la région.
- *Italie centrale :* La cuisine de Toscane et d'Ombrie met l'accent sur des plats copieux et rustiques. *Pâtes* est un incontournable, avec des plats comme *Minuscule* et *Penne à l'Arrabbiata* mettant en valeur les saveurs régionales. *Crostinis* garni de charcuterie et de fromages locaux, c'est un excellent antipasti.
- *Italie du Sud :* En revanche, la cuisine du sud de l'Italie, en particulier dans des régions comme la Campanie et la Sicile, se caractérise par des saveurs

vibrantes et une abondance de légumes frais. Les plats comportent souvent des tomates, des câpres et des olives, avec des classiques comme *Pizza napolitaine* et *Pâtes à la Norma* mettant en avant l'utilisation de produits locaux.

- *Îles :* Les îles de Sicile et de Sardaigne ont leur propre identité culinaire, influencée par les saveurs arabes et espagnoles. La cuisine sicilienne comprend souvent des combinaisons sucrées et salées, comme *Caponata* (plat d'aubergines) et *Cannoli*, tandis que les plats sardes mettent en valeur les fruits de mer, le fromage et des variétés de pâtes uniques telles que *Malloreddus*.

Plats Iconiques

La cuisine italienne est célèbre pour plusieurs plats emblématiques célébrés dans le monde entier. Voici quelques plats incontournables lors d'un séjour en Italie :

- *Pizza:* Originaire de Naples, la pizza napolitaine se caractérise par sa croûte fine et moelleuse, sa sauce tomate fraîche et sa mozzarella de bufflonne. *Marguerite* la pizza, avec ses garnitures simples de tomates, de mozzarella et de basilic, est un incontournable pour tous ceux qui visitent l'Italie.
- *Pâtes:* Les pâtes italiennes se présentent sous d'innombrables formes et tailles, de *Spaghetti* et *Fettucine* à *Orecchiette* et *Tortellinis*. Les sauces classiques comme *Carbonara, Bolognese,* et *Pesto*

mettre en valeur la diversité des saveurs de la cuisine italienne.

- *Lasagne* : Ce plat de pâtes en couches, traditionnellement composé de sauce béchamel et de ragù, est un incontournable réconfortant, en particulier dans des régions comme l'Émilie-Romagne. Chaque famille a souvent sa propre recette secrète, ce qui en fait un plat très apprécié dans toute l'Italie.
- *Glace:* Aucun repas n'est complet sans dessert, et la glace italienne est le moyen idéal pour se faire plaisir. Avec sa texture crémeuse et ses saveurs intenses, la glace est un délice délicieux disponible en différentes saveurs, du classique chocolat et vanille aux combinaisons innovantes.

L'expérience du repas italien

En Italie, les repas ne se limitent pas à la nourriture ; ils sont une célébration de la communauté et de la famille. Le repas est souvent une affaire de loisir, où amis et proches se réunissent autour de la table pour partager de la nourriture, des rires et des conversations.

- *Structure du cours :* Un repas italien se compose généralement de plusieurs plats, dont des antipasti (entrées), des primi (entrées comme des pâtes ou du riz), des seconds (plats principaux à base de viande ou de poisson), des contorni (plats d'accompagnement) et des dolci (desserts). Chaque plat est dégusté lentement, permettant aux convives

de savourer les saveurs et d'apprécier la progression du repas.
- *Accords vins :* L'Italie est célèbre pour ses vins, chaque région produisant ses propres cépages. Le vin est souvent servi avec les repas, améliorant ainsi l'expérience culinaire. Qu'il s'agisse d'un rouge corsé de Toscane ou d'un blanc croquant de Vénétie, l'association du vin et de la nourriture fait partie intégrante de la culture culinaire italienne.
- *Café Culture:* La culture du café italien est un autre aspect essentiel de la nourriture et des boissons. L'espresso est la base du café italien, apprécié tout au long de la journée. Les cafés sont des lieux sociaux où les habitants se rassemblent pour siroter un café et engager des conversations animées.

La cuisine italienne est un voyage à travers les saveurs, les traditions et l'histoire, offrant une riche tapisserie de goûts qui reflètent la diversité régionale du pays.

Spécialités régionales

L'Italie est un pays diversifié avec des variations régionales en matière de cuisine, reflétant les ingrédients et les traditions locales. Voici quelques spécialités régionales à essayer :

Toscane
- *Chianti :* Un célèbre vin rouge produit en Toscane, souvent accompagné de la cuisine toscane.

- *Steak florentin :* Un steak florentin, généralement grillé ou poêlé et servi avec une simple salade.
- *Pappardelle au sanglier :* Un plat de pâtes à base de sauce au sanglier.

Rome

- *Carbonara :* Un plat de pâtes crémeuses à base d'œufs, de bacon et de fromage Pecorino Romano.
- *File d'attente pour le vaccin :* Un ragoût à base de queue de bœuf et de légumes.
- *Boulette fromage-riz :* Une croquette de riz frite fourrée à la sauce tomate et à la mozzarella.

Naples

- *Pizza :* Naples est considérée comme le berceau de la pizza, et la pizza napolitaine est connue pour sa croûte moelleuse et sa sauce tomate piquante.
- *Spaghettis à la carbonara :* Un plat romain classique, souvent apprécié à Naples.
- *Calamars frits :* Un plat de fruits de mer populaire, souvent servi avec du citron et de l'huile d'olive.

Venise

- *Risotto :* Venise est célèbre pour ses plats de risotto, souvent à base de fruits de mer ou de légumes.
- *Cicchetti :* Petites collations vénitiennes, semblables à des tapas, souvent servies avec du vin.
- *Morue salée :* Un plat traditionnel vénitien à base de morue séchée.

Sicile

- *Arancini :* Croquettes de riz fourrées à la viande, au fromage ou aux légumes.
- *Cannoli :* Une pâtisserie sucrée fourrée à la ricotta et aux fruits confits.
- *Caponate :* Un ragoût de légumes sicilien à base d'aubergines, de tomates et d'olives.

Autres régions
- *Ligurie :* Plats de pesto, focaccia et fruits de mer.
- *Piémont :* Vin Barolo, risotto et veau sauce thon.
- *Émilie-Romagne :* Tortellini, parmesan et vinaigre balsamique.

En explorant les spécialités régionales d'Italie, vous pourrez découvrir les saveurs diverses et délicieuses de ce beau pays.

Vin

L'Italie est réputée pour ses vins de classe mondiale, produits dans diverses régions du pays. Des rouges audacieux de la Toscane aux blancs croquants du Piémont, les vins italiens offrent une expérience diversifiée et délicieuse.

Régions viticoles célèbres
- *Toscane :* La Toscane est célèbre pour son vin Chianti, un vin rouge corsé issu de raisins Sangiovese. Parmi les autres vins toscans célèbres figurent le Brunello di Montalcino et le Vino Nobile di Montepulciano.

- *Piémont :* Le Piémont est connu pour ses vins Barolo et Barbaresco, des rouges puissants issus du cépage Nebbiolo.
- *Vénétie :* La Vénétie produit une variété de vins, notamment le Valpolicella, le Soave et le Prosecco.
- *Pouilles :* Les Pouilles sont connues pour leur vin Primitivo, un rouge corsé aux saveurs intenses.
- *Sicile :* La Sicile produit une variété de vins, dont le Nero d'Avola, le Grillo et l'Etna Rosso.

Dégustation de vins

- *Visites de vignobles :* Visitez des établissements vinicoles dans diverses régions d'Italie pour en apprendre davantage sur la vinification et déguster différents vins.
- *Bars à vins :* Dégustez un verre de vin dans l'un des nombreux bars à vin d'Italie, qui proposent une large sélection de vins italiens.
- *Fêtes du vin :* Assistez à un festival du vin pour déguster des vins de différentes régions et découvrir les traditions viticoles.

Accorder le vin avec la nourriture

- *Accords mets et vins :* La cuisine italienne est souvent associée à des vins spécifiques. Par exemple, le Chianti se marie bien avec les plats toscans, tandis que le Prosecco est souvent accompagné de fruits de mer.

Étiquette du vin

- *Verres à vin :* Utilisez le verre à vin approprié pour chaque type de vin.
- *Dégustation:* Faites tourner le vin dans votre verre pour libérer les arômes, prenez une petite gorgée et savourez les saveurs.
- *Plaisir respectueux :* Dégustez le vin de manière responsable et appréciez le savoir-faire qui entre dans sa production.

La culture viticole italienne est riche et diversifiée, offrant une large gamme de vins délicieux à découvrir. Que vous soyez un connaisseur de vin ou que vous dégustiez simplement un verre de vin avec votre repas, l'Italie a quelque chose à offrir à tous les amateurs de vin.

Chapitre 6

Vie nocturne et divertissement

Opéra et Théâtre

L'Italie possède une riche tradition d'opéra et de théâtre qui remonte à plusieurs siècles. Des opéras de renommée mondiale aux théâtres intimistes, l'Italie offre une gamme variée de spectacles pour les amateurs de théâtre et de musique.

Opéra
- *La Scala, Milan :* L'un des opéras les plus célèbres au monde, La Scala est réputée pour son acoustique et ses interprètes talentueux.
- *Théâtre La Scala :* Situé à Milan, ce théâtre historique propose une variété de représentations d'opéra tout au long de l'année.
- *Teatro Massimo, Palerme :* Le plus grand opéra d'Italie, proposant un programme varié d'opéras et de concerts.
- *Théâtre Carlo Felice, Gênes :* Un autre opéra célèbre en Italie, connu pour sa belle architecture et son acoustique.

Théâtre
- *Théâtre Argentine, Rome :* Un théâtre historique qui a accueilli des pièces de théâtre et des opéras célèbres.
- *Piccolo Teatro, Milan :* Une compagnie de théâtre renommée connue pour ses productions innovantes.
- *Théâtre Goldoni, Venise :* Un théâtre historique proposant une variété de pièces de théâtre et de spectacles.
- *Théâtre Municipal de Bologne :* Un beau théâtre à Bologne, proposant un programme diversifié de spectacles.

Achat de billets
- *En ligne:* Achetez des billets en ligne sur le site Web du théâtre ou sur des sites Web de billetterie tiers.
- *Billetterie :* Visitez la billetterie du théâtre pour acheter des billets en personne.
- *Pensez aux réductions :* Recherchez des réductions et des promotions sur les billets, en particulier pour les étudiants et les seniors.

Conseils pour assister à un spectacle
- *Code vestimentaire :* Certains théâtres peuvent avoir un code vestimentaire, alors vérifiez à l'avance.
- *Arrivez tôt :* Arrivez au théâtre au moins 30 minutes avant le début de la représentation afin de laisser le temps aux contrôles de sécurité et de trouver votre place.

- *Profitez de l'ambiance :* Imprégnez-vous de l'atmosphère vibrante du théâtre et profitez du spectacle.

La scène lyrique et théâtrale italienne est de renommée mondiale et offre une gamme variée de spectacles aux amateurs de musique et de théâtre. En assistant à un spectacle, vous pourrez découvrir le riche patrimoine culturel de ce beau pays.

Bars et discothèques

La vie nocturne italienne est dynamique et diversifiée, avec un large éventail de bars et de clubs parmi lesquels choisir. Que vous recherchiez un bar à cocktails branché, une discothèque animée ou un pub traditionnel, l'Italie a quelque chose à offrir.

Bars branchés
- *Milan :* Milan est connue pour ses bars et clubs branchés, offrant une variété d'ambiances et de musiques.
- *Rome:* Le quartier du Trastevere à Rome est une destination populaire pour la vie nocturne, avec de nombreux bars et discothèques parmi lesquels choisir.
- *Florence:* Florence propose un mélange de bars traditionnels et branchés, mettant l'accent sur le vin et les cocktails.

Boîtes de nuit

- *Milan :* Milan possède plusieurs discothèques de classe mondiale, dont Fabric et Space.
- *Rome :* Rome propose une variété de discothèques, mettant l'accent sur la musique électronique et la musique dance.
- *Naples :* Naples possède une vie nocturne animée, avec de nombreux bars et discothèques situés le long du front de mer.

Bars à vins

- *Toscane :* La Toscane est célèbre pour ses bars à vin, proposant une large sélection de vins locaux et de délicieuses collations.
- *Piémont :* Le Piémont compte également de nombreux excellents bars à vins, spécialisés dans les vins Barolo et Barbaresco.
- *Venise :* Dégustez un verre de vin dans l'un des nombreux bars à vin de Venise, offrant une vue imprenable sur les canaux.

Apéritif

- *Tradition italienne :* L'apéritif est une tradition italienne populaire consistant à prendre un verre et des collations avant le dîner.
- *Boissons populaires :* L'apéritif consiste souvent à boire un cocktail ou un verre de vin et à déguster de petites collations.

La vie nocturne italienne est dynamique et passionnante, avec quelque chose à offrir à tout le monde. Que vous recherchiez un bar à cocktails branché, une discothèque animée ou un pub traditionnel, vous êtes sûr de trouver un lieu à votre goût.

Musique live

L'Italie possède un riche patrimoine musical et des concerts peuvent être organisés dans tout le pays. Des concerts de musique classique aux clubs de jazz et salles de rock, l'Italie offre une gamme variée d'expériences musicales.

Musique classique
- *Opéra:* L'Italie est réputée pour sa tradition lyrique, avec des opéras de classe mondiale dans des villes comme Milan, Rome et Venise.
- *Concerts:* Profitez de concerts de musique classique dans des lieux tels que le Royal Albert Hall de Londres et le Teatro La Fenice de Venise.

Jazz
- *Clubs de Jazz:* L'Italie possède une scène jazz florissante, avec de nombreux clubs de jazz proposant des spectacles live de musiciens locaux et internationaux.
- *Villes populaires:* Des villes comme Rome, Milan et Turin ont une forte scène musicale jazz.

Rock et Pop
- *Fêtes:* L'Italie accueille plusieurs festivals de musique majeurs, notamment les festivals Firenze Rocks et Sonic Boom.

- *Venues:* Des salles plus petites dans toute l'Italie proposent des concerts de groupes locaux et internationaux.

Musiciens de rue
- *Amuseurs publics :* Profitez de l'atmosphère animée des rues italiennes remplies de musiciens ambulants jouant de divers instruments.
- *Lieux populaires :* La Piazza Navona à Rome et la place Saint-Marc à Venise sont des lieux populaires pour les musiciens de rue.

Conseils pour profiter de la musique live
- *Vérifiez les listes :* Recherchez en ligne ou dans les journaux locaux les événements musicaux à venir.
- *Réservez vos billets à l'avance :* Pour les concerts et festivals populaires, il est recommandé de réserver vos billets à l'avance.
- *Arrivez tôt :* Arrivez tôt sur place pour avoir une bonne place et éviter les foules.
- *Profitez de l'ambiance :* Imprégnez-vous de l'atmosphère vibrante et profitez de la musique.

La scène musicale italienne est diversifiée et dynamique, offrant quelque chose pour tout le monde. Que vous soyez amateur de musique classique, de jazz, de rock ou de pop, vous êtes assuré de trouver un spectacle musical live à votre goût.

Chapitre 7

Achats

Achats haut de gamme

L'Italie est le paradis du shopping, offrant un large éventail d'expériences de shopping, depuis les grands magasins de mode jusqu'aux boutiques de luxe. Pour ceux qui recherchent les plus belles marques et les produits exclusifs, les quartiers commerçants haut de gamme d'Italie sont une visite incontournable.

Milan
- *Quadrilatère de la mode :* Ce quartier haut de gamme abrite certaines des marques de luxe les plus prestigieuses au monde, notamment Gucci, Prada et Armani.
- *Galerie Vittorio Emanuele II :* Cette galerie marchande historique est une visite incontournable pour sa belle architecture et ses boutiques de luxe.
- *Via Montenapoleone :* Une rue à la mode bordée de boutiques haut de gamme et de showrooms de créateurs.

Rome
- *Via Condotti :* Cette rue élégante abrite des marques de luxe telles que Chanel, Dior et Louis Vuitton.

- *Via del Babuino :* Une autre rue commerçante haut de gamme avec un mélange de marques internationales et italiennes.
- *Galerie Alberto Sordi:* Un centre commercial moderne proposant une variété de marques de luxe et de grands magasins.

Florence
- *Par Tornabuoni :* Cette rue historique est bordée de boutiques de luxe et de showrooms de créateurs.
- *Via de' Tornabuoni :* Une autre rue commerçante haut de gamme axée sur les marques de mode italiennes.
- *Galerie des Offices :* Cette célèbre galerie d'art abrite également diverses boutiques de luxe.

Venise
- *Place Saint-Marc :* L'emblématique place Saint-Marc abrite plusieurs boutiques de luxe et bijouteries.
- *Mercerie:* Cette rue étroite est bordée de boutiques vendant de tout, de la mode aux accessoires en passant par les souvenirs.

Conseils d'initiés
- *Considérez les ventes :* L'Italie a souvent des périodes de soldes, comme janvier et juillet, où vous pouvez trouver de bonnes affaires sur des articles de luxe.
- *Magasinez en dehors du centre-ville :* Pour des options plus abordables, explorez les quartiers commerçants en dehors des centres-villes.

- *Négociation :* Même si la négociation n'est pas aussi courante en Italie que dans d'autres pays, elle peut valoir la peine d'être tentée sur certains marchés et petits magasins.

Les quartiers commerçants haut de gamme d'Italie offrent une expérience de shopping de classe mondiale. Avec leurs marques exclusives, leur atmosphère luxueuse et leur service impeccable, ces quartiers sont une visite incontournable pour tout acheteur averti.

Marchés et centres commerciaux

L'Italie offre une variété de marchés et de centres commerciaux, répondant à différents goûts et budgets. Des marchés traditionnels aux centres commerciaux modernes, vous trouverez une large gamme de produits et d'expériences.

Marchés

- *Marché Borgo Vecchio, Palerme :* Un marché animé proposant une large gamme de produits frais, de fruits de mer et de cuisine de rue.
- *Marché central, Florence :* Un marché historique avec de nombreux stands de restauration et boutiques vendant des produits locaux.
- *Campo de' Fiori, Rome :* Un marché animé axé sur les produits frais, les fleurs et la cuisine de rue.
- *Marché de la Porta Ticinese, Milan :* Un grand marché proposant une variété de produits, des

vêtements et accessoires à la nourriture et aux souvenirs.

- *Marché du Rialto, Venise :* Un marché historique situé sur le pont du Rialto, proposant des produits frais et des fruits de mer.

Centres commerciaux

- *La Rinascente, Milan :* Un grand magasin haut de gamme proposant une large gamme de marques de luxe et de mode italienne.
- *Monnaie, Venise :* Un grand magasin populaire proposant une variété de produits, notamment des vêtements, des articles pour la maison et des cosmétiques.
- *Le Béfane, Florence:* Un grand magasin axé sur la mode et les accessoires italiens.
- *Centre commercial Roma Est, Rome :* Un grand centre commercial avec une variété de magasins, de restaurants et de lieux de divertissement.
- *Le Gru, Turin:* Un centre commercial moderne avec un large éventail de magasins et de restaurants.

Expériences de magasinage uniques

- *Ateliers artisanaux :* Visitez des ateliers d'artisans pour acheter des produits artisanaux uniques, tels que des céramiques, de la verrerie et de la maroquinerie.
- *Magasins d'usine :* Explorez les villages de magasins d'usine pour trouver des marques de créateurs à prix réduits.

- *Boutiques vintage:* Découvrez des vêtements et accessoires vintage uniques dans les boutiques vintage de toute l'Italie.

Les marchés et centres commerciaux italiens offrent une expérience de shopping diversifiée et passionnante. Que vous recherchiez des produits frais, des marques de créateurs ou des souvenirs uniques, vous êtes sûr de trouver quelque chose à votre goût.

Marques de créateurs

L'Italie est réputée pour son industrie de la mode et le pays abrite certaines des marques de créateurs les plus prestigieuses au monde. De Milan, la capitale italienne de la mode, aux autres grandes villes, vous trouverez un large éventail de boutiques de luxe et de magasins phares.

Milan
- *Quadrilatère de la mode:* Ce quartier haut de gamme est une visite incontournable pour les amateurs de mode, avec des marques de luxe telles que Gucci, Prada, Armani et Versace.
- *Galerie Vittorio Emanuele II:* Cette galerie marchande historique abrite plusieurs boutiques haut de gamme et showrooms de créateurs.
- *Via Montenapoleone:* Une rue à la mode bordée de boutiques de luxe et de showrooms de créateurs.

Florence

- *Par Tornabuoni :* Cette rue historique est connue pour ses boutiques de luxe et ses showrooms de créateurs.
- *Via de' Tornabuoni :* Une autre rue commerçante haut de gamme proposant une variété de marques de luxe.
- *Galerie des Offices :* Cette célèbre galerie d'art abrite également quelques boutiques de luxe.

Rome

- *Via Condotti :* Cette rue élégante abrite des marques de luxe telles que Chanel, Dior et Louis Vuitton.
- *Via del Babuino :* Une autre rue commerçante haut de gamme avec un mélange de marques internationales et italiennes.
- *Galerie Alberto Sordi:* Un centre commercial moderne proposant une variété de marques de luxe et de grands magasins.

Venise

- *Place Saint-Marc :* L'emblématique place Saint-Marc abrite plusieurs boutiques de luxe et bijouteries.
- *Mercerie:* Cette rue étroite est bordée de boutiques vendant de tout, de la mode aux accessoires en passant par les souvenirs.

Autres villes

- *Naples:* Naples offre un mélange de marques de luxe et de créateurs locaux.

- *Turin :* Turin est connue pour ses tissus et textiles luxueux.

Les marques de créateurs italiennes sont réputées pour leur qualité, leur savoir-faire et leur style intemporel. En explorant les quartiers commerçants haut de gamme du pays, vous pourrez découvrir les dernières tendances et dénicher des pièces uniques qui dureront toute une vie.

Chapitre 8

Informations pratiques

Langue

L'italien est la langue officielle de l'Italie et est largement parlée dans tout le pays. Cependant, il existe des variations régionales en termes de dialecte et d'accent. L'anglais est également largement compris, notamment dans les zones touristiques.

Dialectes régionaux

- *Italien du Nord :* Les dialectes du nord de l'Italie, comme le milanais et le vénitien, peuvent être très différents de l'italien standard.
- *Italien central :* Les dialectes de l'Italie centrale, notamment le florentin et le romanesco, sont plus largement compris.
- *Italien du sud :* Les dialectes du sud de l'Italie, comme le napolitain et le sicilien, peuvent être très distincts de l'italien standard.

Conseils pour communiquer

- *Apprenez l'italien de base :* Bien que l'anglais soit largement parlé dans les zones touristiques,

apprendre quelques phrases de base en italien peut être utile pour interagir avec les habitants et s'orienter.
- *Utilisez la communication non verbale :* Les gestes et les expressions faciales peuvent être utiles pour communiquer avec ceux qui ont une maîtrise limitée de l'anglais.
- *Sois patient:* Si vous rencontrez des barrières linguistiques, soyez patient et essayez de communiquer efficacement en utilisant les ressources disponibles.

Phrases essentielles

Apprendre quelques phrases clés peut être extrêmement utile et apprécié par les locaux. Voici quelques phrases italiennes essentielles pour commencer :
- *Salutations:*
  - Bonjour (Bonjour)
  - Bonsoir (Bonsoir)
  - Ciao (Bonjour/Au revoir)
- *Questions courantes :*
  - *Parles-tu anglais? (Parles-tu anglais?)*
  - *Où est-il...? (Où est...?)*
  - *Quelle est la côte? (Combien ça coûte?)*
- *Expressions utiles :*
  - S'il vous plaît (S'il vous plaît)
  - Grazie (Merci)
  - Excusez-moi (Excusez-moi)

Ressources linguistiques

- *Applications linguistiques :* Utilisez des applications de traduction pour vous aider à communiquer en italien.
- *Programmes d'échange linguistique :* Connectez-vous avec des apprenants de langues locales grâce à des programmes d'échange linguistique.
- *Écoles de langues :* Pensez à suivre un cours de langue pour améliorer vos compétences en italien.

En comprenant la situation linguistique en Italie et en apprenant quelques phrases de base en italien, vous pouvez améliorer votre expérience de voyage et mieux vous connecter avec la population locale.

Devise

L'euro (€) est la monnaie officielle de l'Italie, ainsi que de plusieurs autres pays européens. Il est divisé en 100 centimes.

Change de devises

- *Bureaux d'échange :* Vous pouvez échanger des devises étrangères dans de nombreux bureaux de change situés dans toute l'Italie.
- *Banques :* Les banques proposent également des services de change.
- *Distributeurs automatiques :* De nombreux distributeurs automatiques en Italie vous permettent de retirer de la monnaie locale en utilisant votre carte bancaire étrangère.

Utiliser des cartes de crédit

- *Largement accepté :* Les cartes de crédit sont largement acceptées en Italie, notamment dans les grands hôtels, restaurants et magasins.
- *Retraits aux distributeurs automatiques :* Vous pouvez retirer de l'argent aux distributeurs automatiques en utilisant votre carte de crédit.

Pourboire

Le pourboire est courant en Italie, en particulier pour les services tels que les restaurants, les hôtels et les taxis. Le montant typique d'un pourboire est d'environ 10 % de la facture totale.

Remarques importantes

- *Taux de change :* Les taux de change peuvent fluctuer, il est donc conseillé de vérifier les taux en vigueur avant d'échanger des devises.
- *Restrictions monétaires :* Il n'y a aucune restriction sur l'importation ou l'exportation d'euros vers ou hors d'Italie.

En comprenant la situation monétaire en Italie, vous pouvez planifier vos finances en conséquence et profiter d'une expérience de voyage sans tracas.

Sécurité

L'Italie est généralement un pays sûr pour les voyageurs. Cependant, comme pour toute destination, il est important de prendre des précautions de sécurité de base, en particulier dans les zones très fréquentées et la nuit.

Conseils généraux de sécurité
- *Soyez conscient de votre environnement :* Faites attention à votre environnement et évitez de marcher seul dans les zones isolées la nuit.
- *Gardez vos objets de valeur en sécurité :* Conservez votre passeport, votre argent et vos autres objets de valeur dans un endroit sûr. Évitez d'exposer des objets de valeur en public.
- *Utilisez les transports en commun ou les taxis :* Utilisez des taxis réputés ou des services de covoiturage pour le transport. Évitez d'accepter des promenades avec des étrangers.
- *Suivez les coutumes locales :* Respectez les coutumes et traditions locales. Habillez-vous modestement et évitez les démonstrations d'affection en public.
- *Soyez attentif aux escroqueries :* Soyez conscient des escroqueries courantes, telles que la facturation excessive de biens ou de services.

Sécurité des voyageuses
- *Habillez-vous modestement :* Habillez-vous modestement, surtout lorsque vous visitez des sites religieux ou des quartiers conservateurs.
- *Évitez de marcher seul la nuit :* Il est généralement conseillé aux femmes d'éviter de marcher seules la nuit, surtout dans les zones isolées.
- *Utilisez les transports en commun ou les taxis :* Utilisez les transports en commun ou les taxis pour vous déplacer.

- *Faites confiance à votre instinct :* Si vous vous sentez mal à l'aise, faites confiance à votre instinct et évitez la situation.

Contacts d'urgence
- *Policiers : 112*
- *Ambulances : 118*
- *Service d'incendie : 115*
- *Police touristique : 117*
- *Carabiniers (Police Nationale) : 112*

L'Italie est un pays sûr et accueillant pour les voyageurs. En suivant ces conseils de sécurité de base, vous pourrez profiter de votre voyage sans soucis majeurs.

Étiquette

L'Italie est un pays doté de fortes traditions culturelles et il est important de respecter l'étiquette locale pour éviter tout malentendu.

Salutations
- *Poignée de main:* Une poignée de main ferme est la forme de salutation la plus courante en Italie.
- *Contact visuel :* Maintenez un contact visuel lorsque vous saluez quelqu'un.

Nourriture et restauration
- *Rythme de manger :* Les Italiens ont tendance à manger plus lentement et à apprécier leurs repas.
- *Partager de la nourriture :* Il est courant de partager des plats avec d'autres personnes à table.

- *Pourboires :* Les pourboires sont courants dans les restaurants, leur montant représentant généralement 10 % de la facture totale.

Code vestimentaire
- *Modestie:* Habillez-vous modestement, surtout lorsque vous visitez des sites religieux ou des établissements plus formels.
- *Tenue décontractée :* Dans un environnement décontracté, des vêtements confortables sont acceptables.
- *Occasions formelles :* Pour les occasions formelles, comme les opéras ou les dîners dans des restaurants haut de gamme, habillez-vous de manière plus formelle.

Comportement public
- *Évitez les comportements bruyants :* Évitez les comportements bruyants et perturbateurs dans les lieux publics.
- *Respecter l'espace personnel :* Maintenez une distance respectueuse avec les autres.
- *File d'attente :* Respectez la file d'attente lorsque vous attendez des services ou des attractions.

En suivant ces directives d'étiquette, vous pouvez faire preuve de respect pour la culture italienne et garantir une expérience de voyage agréable.

Conclusion

L'Italie, pays chargé d'histoire et de culture, offre une expérience unique et inoubliable aux voyageurs de tous âges. Des ruines antiques de Rome aux canaux pittoresques de Venise, l'Italie a quelque chose à offrir à chacun.

L'Italie est une terre de contrastes, où les traditions anciennes cohabitent avec les commodités modernes. Explorez les magnifiques paysages du pays, savourez sa délicieuse cuisine et plongez dans son riche patrimoine culturel.

Les Italiens sont connus pour leur chaleur et leur hospitalité. Vous serez accueillis avec convivialité et générosité lors de votre découverte du pays.

Que vous soyez un passionné d'histoire, un amateur d'art ou simplement à la recherche d'une escapade relaxante, l'Italie est une destination qui laissera une impression durable. Avec ses paysages diversifiés, sa culture riche et sa cuisine délicieuse, l'Italie est une visite incontournable pour tout voyageur.

Merci d'avoir choisi l'Italie comme destination de voyage. Nous espérons que ce guide vous a été utile pour planifier votre voyage. Bon voyage et découvrez la magie de ce beau pays.

Made in United States
Orlando, FL
21 February 2025